조선 직업 실록

역사 속에 잊힌
조선시대 별난 직업들

조선 직업 실록

정명섭 지음

북로드

조선직업실록

초판 1쇄 발행 2014년 4월 21일
초판 6쇄 발행 2021년 3월 29일

지은이 정명섭
펴낸이 신경렬

편집장 유승현 **편집** 김정주
마케팅 장현기 · 박수진
디자인 이승욱
경영기획 김정숙 · 김태희
제작 유수경

출판등록 2011년 6월 2일 제2011-000158호
주소 04043 서울특별시 마포구 양화로 12길 16, 더난빌딩 7층
전화 (02)325-2525 | **팩스** (02)325-9007
이메일 book@thenanbiz.com | **홈페이지** www.thenanbiz.com

ISBN 979-11-85051-53-6 03900

조선시대 사람들은 어떤 직업을 가졌을까?

오래전 조선시대에 우리 선조들은 무슨 일을 해서 먹고살았을까? 농민과 어민, 상인과 무역상, 물건을 지게에 짊어지고 장터를 떠도는 보부상과 왁자지껄한 주막에서 사내들에게 술과 안주를 파는 주모 등 우리가 떠올릴 수 있는 직업은 많지 않다. 하지만 조선은 500여 년이라는 기나긴 역사와 수백만의 인구를 가진 적지 않은 규모의 국가였다. 당연히 이 나라에는 다양한 직업들이 존재했다. 그중에는 오늘날 흔적도 없이 사라져버린 직업도 있고, 명칭만 다를 뿐 지금도 남아있는 직업도 있다. 현대인의 시각에서 실제로 있었을 거라고는 상상조차 할 수 없는 직업도 있었다.

역사 속의 직업들을 살펴보면 그 시대의 사회와 생활상을 이해하는 데 큰 도움이 된다. 직업의 탄생과 소멸은 당대를 살아가는 사람들의 욕망과 매우 밀접한 관계가 있기 때문이다. 가지고 싶거나 꼭 필요하지만 자신의 손으로 만들 수 없고 번거로운 것이 곧 누군가의 '직업'이 되었다.

오늘날 우리는 책이나 동영상 등 온갖 다양한 매체의 영향으로 조선시대에 대해 잘 알고 있다고 생각한다. 그러나 알고 보면 그것은 지극히 일부분에 불과하다. TV 속 조선시대 기생들은 단아하게 앉아서 거문고를 연주하거나 우아한 자태로 춤을 추지만 실제로는 부끄럽고도 가혹한 일상을 살아가는 여인들이었다. 과거시험이라는 좁은 출셋길은 선접꾼과 거벽, 사수라는 어둠의 직업을 탄생시켜 백주대낮에 당당히 부정시험이 치러지는 아수라장을 만들고 말았다. 재산목록 1호인 노비들을 지키려는 양반들의 욕심이 추노객이라는 새로운 직업을 만들어냈다. 이런 직업들의 탄생과 소멸을 살펴보면 그 시대의 속살을 들여다볼 수 있다.

이 글은 졸저인《조선백성실록》에서 시작되었다. 드라마나 영화 속에서 엑스트라나 하찮은 악당 혹은 가련한 피해자로만 등장했던 백성들은 어쩌면 소시민의 삶을 살아가는 대다수의 현대인과 비슷한 존재일지도 모른다는 것이 출발점이다. 다음번 얘기도 백성들에게 초점을 맞춰보고 싶다. 조명되지 못했던 역사를 들여다보는 것이 창작과 역사, 소설과 인문서 사이에 절묘하게 끼어있는 나의 역할일지도 모르니까 말이다.

조선시대에만 있었던 특이한 직업들을 통해서 그 시대를 이해하는 것은 출세와 성공에는 아무런 도움이 되지 않는다. 하지만 어떻게 살아가고, 무엇을 위해서 앞으로 나아가야 하는지 한번쯤 생각하게 해줄 수는 있다. 그것이 바로 '역사'의 진정한 얼굴이자 역할이니까 말이다.

글을 쓴다는 특별하지 않은 특별함 덕분에 좋은 인연들을 만나고 그들로부터 많은 도움을 받았다. 그들에게 보답하는 것은 좋은 글을 쓰는 것뿐이라는 점을 잘 알고 있다. 쓰면 쓸수록 어려워지는 글 앞에서는 자연스럽게 겸손해질 수밖에 없다. 역사를 바라보는 시선만큼이나 말이다.

차례

1부 나라의 녹을 먹고 살다

2부 스스로 벌어 먹고살다

3부 무엇이든 해서 먹고살다

사헌부에서 올린 상소문의 한 대목

"생각하건대 사람을 쓰는 것으로 말하면
정치를 하는 데 있어서의 대체大體요,
벼슬을 주는 명령은 사람을 쓰는 데 있어서의
공기公器이므로 관계되는 바가 지극히 중합니다."

〈조신선전〉에서

"조신선이라는 자는 책을 파는 아쾌로
붉은 수염에 농담을 잘 했다.
눈에서는 번쩍거리는 빛이 났다.
모든 책에 대해서 모르는 것이 없어서
마치 군자와 같았다."

〈흥부가〉의 한 대목

"여보! 아이 아버지!
매품팔이가 웬 말이오?
남의 죄를 어찌 알고 대신 가서
매를 맞는단 말이오?"

1부

나라의 녹을 먹고 살다

01

멸화군滅火軍

화마로부터 한양을 지키다

대화재大火災

세종 8년1426년 2월 15일, 한양.

부엌에 들어선 아낙네가 문가에 쌓아둔 솔가지 몇 개를 꺾어 아궁이에 던져 넣었다. 점심이 되기가 무섭게 집으로 돌아온 남편 장룡이 얼른 밥을 달라 하고는 곧장 방으로 들어갔기 때문이다.

밤새 베틀 앞에서 일을 하느라 눈도 제대로 붙이지 못한 아낙네가 기세 좋게 타오르는 아궁이불 앞에서 꾸벅꾸벅 졸기 시작했다. 때마침 활짝 열어놓은 부엌문 안으로 바람이 밀고 들어오자 아궁이에서 나온 작은 불똥들이 문가 솔가지 더미 쪽으로 날아갔다. 처음 날아간 불똥들은 금세 꺼졌지만 바람이 거세지면서 한두 개 살아난 불똥들이 점점 커져갔다. 솔가지들을 먹어치운 불은 몸집을 키우며 초가집 처마에 옮겨 붙었다.

삽시간에 지붕을 집어삼킨 불길이 바람을 타고 옆집으로 옮겨 붙었다. 마침 빨래터에서 돌아온 옆집 아낙네가 그 광경을 보고 비명을 질렀다. 부엌에서 꾸벅꾸벅 졸고 있던 아낙네가 그제야 눈을 뜨고 밖으로 나오더니 눈앞에 펼쳐진 광경에 입을 다물지 못했다. 아낙네가 방문을 열고 코를 골며 자고 있는 남편을 두들겨 깨웠다.

"큰일 났어요, 큰일! 불이 났다고요!"

남편을 깨워 밖으로 나온 아낙네가 본 것은 온 동네로 옮겨 붙은 거대한 화마火魔였다. 마을 사람들이 아우성치며 물을 뿌리고 옷가지로 덮어 불을 끄려 했지만 거센 바람 때문에 좀처럼 잡히지 않았다. 바람을 타고 북쪽으로 옮겨간 불은 이제 커다란 기와집들과 관청들까지 가리지 않고 집어삼켰다. 백성들은 집을 지키기 위해 안간힘을 썼지만 속수무책이었다.

한양의 대표적 상가인 운종가 행랑들과 시전을 관리하던 경시서까지 집어삼킨 불이 경복궁까지 밀어닥쳤다. 내금위군임금의 호위를 맡은 군대과 내시들까지 합세해서 사투를 벌여 저녁 무렵에야 겨우 불길이 잡혔다. 백성들은 잿더미가 되어버린 집을 망연자실하게 쳐다보고, 부모 잃은 아이들은 길거리에서 울고 있었다. 세종은 때마침 사냥을 나가 한양을 비운 상태였다.

영의정 황희가 중전에게 피해상황을 보고했다.

"남부의 민가 350호, 동부의 민가 190호, 중부의 민가 1,630호와 경시서와 운종가의 행랑 106칸이 불에 타버렸습니다. 인명 피해는 남자가 아홉에 여자 스물셋인데 실종된 백성들이 많은 걸로 보아 잿더미가 된 이들도 적지 않은 것으로 보입니다."

그것으로 끝이 아니었다. 다음 날 전옥서죄수를 관장하던 관서 근처에 사는 대부 정연의 집에서 또 불이 났다. 불은 전옥서와 동부의 민가 200호를 태운 뒤에야 꺼졌다. 사냥을 중단하고 돌아온 세종은 잿더미가 되어버린 한양을 둘러보고는 이재민을 구호하는 데 최선을 다하라고 명을 내렸다. 아울러 큰불을 막을 방안을 강구하라고 지시했다. 조선 최초의 소방대인 멸화군은 이렇게 한양의 잿더미 속에서 태어났다.

한양 최대의 골칫거리

조선시대 사람들은 부엌에 조왕신이 살고 있다고 믿었다. 불을 관장하기 때문에 부뚜막이 있는 부엌에 자리 잡은 것이다. 여자들은 조왕신의 심기를 건드리지 않기 위해 불을 피울 때면 나쁜 말을 삼갔다. 부뚜막에 걸터앉거나 발로 밟는 것도 금기였다. 매일 아침 정화수를 담은 그릇을 부뚜막 벽에 만들어놓은 토대 위에 바치기도 했다. 명절에는 음식을 간단히 차려 부뚜막 위에 올려놓았다. 이처럼 불은 숭배와 두려움의 대상이었다.

경복궁 근정전에 가면 계단 옆에 커다란 쇠항아리가 놓여 있는 것을 볼 수 있다. '드므'라는 것이다. 이 쇠항아리는 불의 요괴가 물에 비친 자기 얼굴을 보고 도망치게 하기 위해 만들어놓은 것이다. 또 커다란 연못 옆으로 멋진 풍광을 자랑하는 경회루의 지붕에는 쇠사슬이 드리워져 있다. 지붕에 불이 나면 사람이 그 쇠사슬을 잡고 불을 끌 수 있도록 해놓은 것이다. 민가의 부엌뿐 아니라 궁궐 역시 화재에서 안전하지 못했기 때문이다.

인류 문명은 불과 함께 비약적으로 발전해왔다. 불을 다루게 되면서 인간은 비로소 날것을 구워 먹어 소화의 부담을 줄이고, 혹독한 추위를 견디며, 금속을 손에 넣을 수 있었다. 그러나 불의 역사는 불로 인한 피해의 역사와 동반한다. 몇 해 전 불에 전소되어 온 국민을 충격에 빠트렸던 숭례문처럼 목재와 기와, 짚이 주재료였던 조선시대 건축물들은 화재에 극히 취약했다. 특히 인구밀도가 점점 높아져가는 한양이 문제였다. 1428년 한성부가 세종에게 보고한 바, 한양의 주택이 1만 6,921호, 인구는 10만 3,328인이었다. 당시 한양이 사대문 안이었고 호구조사에서 누락된 백성들이 적지 않았다는 점을 감안하면 좁은 지역에 상당수의 사람들이 살고 있었던 셈이다. 한양 내에서도 특히 경복궁 앞 육조거리와 종로 일대는 관청과 상점들이 빽빽이 들어차 있어 화재 피해가 커질 가능성이 높았다.

1426년 2월 15일과 16일, 이틀에 걸쳐 일어난 대화재는 한양이 불에 얼마나 취약한지를 단적으로 보여준다. 화재 피해를 보고받은 세종은 대책을 세우기로 결심했다. 사실 한양이 불에 큰 피해를 입은 건 이번이 처음이 아니었다. 30여 년 전인 1398년 5월 3일, 가회방한성부 북부 12방 중 하나에서 일어난 불로 인가 143채가 불에 탔고, 왕실의 곡식을 저장해둔 요물고도 피해를 입었다. 정종 2년1400년에는 개경의 수창궁에 큰불이 났으며, 태종 15년1415년에는 돈화문을 지으러 경상도에서 올라온 군사들의 막사에서 불이 났다. 막사를 태운 불길이 돈화문까지 태워버릴 뻔했다.

화재가 잇따르자 조정에서는 밀집되어 있는 상점들 사이로 방화용 담장을 쌓거나 다섯 집마다 하나씩 우물을 파서 불길에 대비하도록 했다. 화재를 낸 사람에 대한 처벌 규정도 마련했다. 하지만 이런 예방책만으로는 큰불을 막지 못한다고 생각한 세종은 획기적인 대책을 마련했다. 즉, 불을 진압하는 전담부서를 만들기로 결정했던 것이다. 지금까지는 불이 나면 해당 관청의 관리들이 백성들을 이끌고 진압하게 되어 있었다. 하지만 이틀간의 한양 대화재는 이런 방식으로는 대규모 화재가 났을 때 대처하기가 쉽지 않다는 것을 뼈저리게 확인해주었다.

화재 전담부서

1426년 2월 26일, 세종의 지시로 금화도감禁火都監이 설치되었다. 병조에 소속된 기관이지만 한양의 화재를 막는 것이 주 임무였기 때문에 오늘날의 서울시장과도 같은 한성부판사가 실제 업무를 맡았다. 하지만 금화도감이 설치된 이후에도 화재가 그치지 않자 1431년 5월, 한성부와 금화도감에서는 불을 끄는 군인들과 이들을 도와주는 급수비자汲水婢子를 함께 편성한 금화군禁火軍을 창설했다. 아울러 화재가 발생했을 때 집결하고 진압하는 방법 등을 정했다.

그러나 이때 금화군은 정식 조직이 아니라 한양의 각 관청에 소속된 군인과 노비들 가운데 불을 끄는 임무를 맡은 사람들을 지정해서 교육시킨 것에 불과했다. 정식 소방관이 아니라 비상대기조를 만든 셈이다.

이렇게 창설된 금화군은 세조 때인 1467년 12월 20일 멸화군으로 확대되었다. 6일 전 사옹원임금의 식사와 대궐 안의 식사 공급에 관한 일을 관장하는 관서에서 일어난 화재가 직접적인 계기가 되었다. 사옹원의 동쪽 행랑에서 일어난 불 때문에 사옹원은 물론 간경도감불경을 번역하고 간행하던 기관의 건물과 창고에 보관되어 있던 곡식과 베, 동철 등이 소실되었다. 그리고 민가에까지 불이 옮겨 붙어 수십 채가 잿더미가 되는 피해가 발생했다. 보고를 받은 세조는 창덕궁 선정전에서 병조판서와 도총관을 호출해서 궁궐 안 군사들을 이끌고 불을 끄게 했다. 세조는 이 사건을 계기로 각 부서에서 차출한 금화군만으로는 대규모 화재를 진압하는 데에 역부족이라는 사실을 깨달은 것으로 보인다.

정원 50명의 멸화군은 도끼 20개와 쇠갈고리 15개, 삼끈으로 만든 동아줄 5개《실록》의 원문에는 숙마긍(熟麻絚)으로 나와 있다를 지급받았고, 종루에 올라가 화재를 감시했다. 이외에 관청과 집집마다 불을 끄는 도구들을 비치하고 관리들이 이를 감찰하게 했다.

누가 불을 질렀을까?

불을 끄는 멸화군이 있었다면 불을 지르는 쪽도 당연히 있을 것이다.《실록》에서는 이들을 통틀어 '화적'이라고 불렀다. 이들은 불을 질러 사람들 사이에 혼란을 일으키고 그 틈에 재물을 약탈했다. 불로 인한 피해가 적지 않았기 때문에 화적이 잡히면 일반 강도보다 더 엄하게 처벌받았다. 멸화군 창설의 직접적 계기가 되었던 1426년의 한양 대화재 때도 화적들이 도둑질한 재물이 적지 않았다는 기록이 보인다. 이때 체포된 화적 장원만 등은 사지를 찢어 죽이는 능지처사형에 처해졌다. 가족들은 노비가 되었고 재산도 모두 몰수되었다.

화적들의 직업과 신분은 노비와 승려, 역졸 등 다양했는데 대부분이 하층민이었다. 출신지역은 주로 북청과 길주, 영흥 등 북쪽지방이었다. 이는 원한을 가진 사람의 집에 불을 지르는 그 지역의 풍습과 관련이 있는 것 같다. 실제로 세종 때인 1432년, 길주에 사는 김가물이 이혼한 아내와 다른 남자가 사는 집에 불을 지르고 활로

소를 쏘아죽인 사례가 있었다. 성종 때인 1474년에도 안변에 있는 지릉태조 이성계의 증조부인 익조의 능에 불이 났는데 홍수라는 중이 능참봉에게 원한을 품고 저지른 짓이었다. 이밖에도 실수로 불을 낸 경우도 있었는데 세조 때인 1467년 사옹원에서 크게 불이 난 것은 노비인 소남이 추위를 쫓기 위해 피운 불이 원인이었다. 성종 때인 1475년에는 충청도 절도사가 사냥을 나가 놓은 불이 크게 옮겨 붙으면서 개심사라는 절이 타버린 적이 있다.

조선의 소방관, 멸화군

그렇다면 멸화군은 어떤 방법으로 불을 껐을까? 일단 종루에 올라가 화재를 감시하는 일이 시작이었다. 당시의 종루는 이층으로 만들어졌는데, 아래쪽은 길이 뚫려 있어서 사람들이 지나갈 수 있었다. 담당자가 종루 위에서 화재를 감시하다가 화재를 발견하면 종을 쳐서 경보를 내렸다. 그러면 멸화군이 도끼와 쇠갈고리를 비롯해서 못 쓰는 휘장과 장막으로 만든 보자기, 멸화자라 불리는 물에 적신 천을 매달아놓은 장대를 가지고 출동했다. 멸화군에 배속된 급수비자들도 물통을 들고 뒤를 따랐다. 한양은 야간통행이 금지되어 있기 때문에 밤에는 멸화군이라는 것을 증명하기 위해 구화패도 챙겼다. 현장에 도착하면 우선 도우러 오는 사람들이 쉽게 찾을 수 있게 깃발을 세웠다.

진화 작업은 대략 두 가지로 이뤄졌을 것으로 추정된다. 하나는 불을 끄는 것이고, 다른 하나는 다른 곳으로 번지는 불을 막는 것이다. 쇠갈고리나 도끼는 불이 난 집을 무너뜨리거나 허물어서 불길이 다른 곳으로 번지는 것을 막는 데 사용했고, 불채나 물에 적신 보자기로는 불을 껐다. 급수비자들이 퍼온 물도 화재를 진압하는 데에 요긴하게 쓰였다. 기와집의 경우 나무기둥과 대들보가 타버리면 지붕에 덮여 있는 기와의 무게 때문에 주저앉을 수도 있다. 이렇게 붕괴되면 인명피해와 더불어 옆집으로 불이 번질 우려가 있기 때문에 사다리를 가지고 지붕에 올라가서 갈고리로 기와를 걷어 내거나 도끼로 부수는 것도 진압 방법의 하나다. 초가집도 지붕의 짚더미를 치워 불길이 더 번지는 걸 막았다. 기록을 찾아볼 수는 없지만 관청 지붕에도 경회루처럼 쇠사슬을 달아놔서 진화할 때 사용했을 것이다.

멸화군은 화재 진압 외에도 화재 예방활동도 펼쳤다. 한양 안에는 경수소라 불리는 일종의 파출소가 있었는데 순관들이 야간에 순찰을 돌면서 도둑을 잡았다. 이때 멸화군은 순관들과 함께 야간순찰을 돌면서 화재 예방활동을 펼쳤다. 그 외에 바람이 심하게 부는 날에는 큰불이 날 것에 대비해서 순찰을 강화했는데 이때도 멸화군이 동행했다. 멸화군이 순찰을 돌 때는 작은 종을 흔들고 다녔다고 한다. 이밖에도 금화에 관한 임금의 포고령을 집집마다 전달하는 역할을 맡기도 했다. 한마디로 화재에 관한 모든 것을 책임졌다고 할 수 있다.

그렇다면 멸화군은 어떤 사람들로 구성되었을까? 확인할 수 있는 자료는 없지만 몇 가지 유추해볼 수는 있다. 일단 멸화군이라는 명칭도 그렇고 그 이전에도 불을 끄는 주체는 주로 군인들이었다. 멸화군이 창설된 당시 조선의 군제는 원칙적으로 천인을 제외한 양인들을 뽑는 징병제였다. 당시 군인은 두 종류로 나뉘었는데 직접 병역을 맡는 정군正軍과 경제적으로 보조를 해주는 보인保人으로 나뉘졌다. 조선시대의 병역은 지금처럼 몇 년간 병영에 들어가는 것이 아니라 1년에 몇 달씩 교대로 한양으로 올라와 복무를 하고 내려가는 방식이다. 정군이 복무를 하면 보인들은 정군의 집안을 경제적으로 지원했는데 보통 한 달에 포목 두 필을 줬다. 대개 정군과 보인은 일가친척이나 이웃주민들을 묶어서 구성했다.

멸화군을 군인들 중에서 차출했다면 한양으로 번상을 하러 온 정군들 중에 일부를 뽑았을 가능성이 높다. 몇 달만 하고 내려가는 방식이라 현대의 소방관에 비하면 전문성이 떨어졌겠지만 숙소에서 함께 생활하면서 노하우를 전수받고 손발을 맞출 수 있다는 점에서는 그전에 만들어진 금화군보다 진일보했다고 볼 수 있다.

역사 속으로 사라지다

공식 조직으로서의 금화도감의 생명은 짧았다. 멸화군의 상급기관이라고 할 수 있는 금화도감은 몇 차례 소속과 명칭이 바뀌다가 1460년 한성부의 소속기관이 된 직후 폐지된 것 같다. 그후 성종 때인 1481년 금화도감을 다시 설치해야 한다는 논의가 있었고, 같은 해 수성금화사가 만들어지면서 상설조직으로 재탄생했다.

수성금화사와 멸화군은 임진왜란 이후에도 존속했다. 하지만 광해군이 금화사에 소속된 군사가 30명이라고 말한 것을 봐서는 시간이 지나면서 차츰 규모가 줄어든 것으로 보인다. 규모가 축소되기는 했지만 수성금화사와 금화사가 지금의 소방서 역할을 했고, 멸화군은 소방관의 임무를 계속한 것으로 보인다. 그러다 인조 때인 1637년 쓸모없는 관청이라는 이유로 혁파됐다. 이후 숙종 때인 1675년, 덕수궁의 인화문이 화재에 소실된 것을 수습하는 과정에서 옛날에 금화서禁火署라는 조직이 있었다는 얘기가 나온다. 이것은 금화도감이 한성부에 소속되었다가 없어지고 수성금화사로 재탄생되어 유지되다가 금화사 혹은 금화서로 불렸다가 사라진 과정을 함축적으로 보여준다.

그런데 여기서 한 가지 궁금해진다. 정말 멸화군을 설치한 효과가 있었을까? 아쉽게도《실록》의 1,000여 건이 넘는 관련 자료에서 멸화군의 활약상은 거의 나와 있지 않다. 화재를 진압한 공으로 임금에게 포상을 받은 이들 중에 금화군이나 멸화군은 찾아볼 수 없다. 인조가 금화사를 혁파하고 난 이후 다시 세워야 한다는 논의가 몇 번 있었지만 끝내 부활하지 않은 것으로 봐서는 별 효과가 없었는지도 모른다. 하지만 금화군과 멸화군이 창설되고 나서 1426년의 대화재 같이 한양의 6분의 1을 태워버리는 큰불은 일어나지 않았다. 시간이 흐르면서 한양에 거주하는 백성들이 늘어났고, 화재가 일어날 가능성이 더 높았음에도 큰불이 나지 않았다는 점은 멸화군이 제 역할을 했다는 반증이 아닐까?

멸화군의 활약을 간접적이나 확인할 수 있는 기록은 몇 군데 있다. 중종 때인 1543년 1월 7일 밤, 세자가 머무는 동궁에 큰불이 났다. 중종은 궁궐 안 군사들을 동원해 불을 끄라는 명을 내렸지만 궁궐 안에 불을 끄는 도구가 없다는 대답이 돌아왔다. 결국 경복궁의 건춘문으로 멸화군을 들어오게 해서 불을 끄도록 했다. 이때 멸화군이 화재를 진압하는 구체적인 과정이 보인다. 세자와 세자빈이 거처하던 자선당이 불길에 휩싸이고, 군사들은 불을 끄지 못하고 우왕좌왕하기만 했다. 자칫하다가는 대내, 즉 중종과 중전이 머물고 있는 강녕전까지 불이 옮겨갈 수 있는 상황이었다.

강녕전과 연결된 승화당을 허물어서 불이 번지는 걸 겨우 막을 수 있었다. 불을 끄기 위해 모여든 군사들과 내관들이 다들 우왕좌왕하고 울기만 했다는 것으로 봐서는 승화당을 허문 것은 멸화군이라고 봐야 할 것 같다. 특히 불이 번지는 혼란스러운 와중에 전각을 허무는 일은 상당한 노하우와 숙련도가 필요하다. 그 와중에 도끼로 기둥을 찍어서 넘길 수는 없었을 테니 남은 방법은 사다리를 타고 지붕에 올라가서 쇠갈고리나 도끼로 기와를 걷어 내거나 부수어 무게를 줄인 다음 굵은 장대 같은 것으로 전각의 네 귀퉁이를 들어서 저절로 넘어지게 하는 방법밖에는 없다. 아니면 기둥에 밧줄이나 쇠갈고리를 걸어서 잡아당겨 무너뜨릴 수도 있다. 어떤 방법으로 승화당을 허물었건, 불을 끌 수 있는 장비도 없고 우왕좌왕하던 궁궐 안의 군사나 내관들이 할 수 있는 일이 아니었다.

금화사와 멸화군이 사라진 이후에도 조선은 화재 대비에 소홀히 하지 않았다. 경종 3년인 1723년, 관상감조선시대에 기상 업무를 담당하던 기구에서 서양의 수총기水銃器를 모방해서 화재 진압 도구를 만들 것을 고했다. 수총기는 관상감 관원인 허원이 청나라에서 수입한 것으로 네덜란드에서 처음 만들어졌는데, 양쪽 손잡이를 눌러 물을 분사하는 일종의 수동펌프로서 일본에는 완용펌프라는 이름으로 전래되었다. 금화도감과 멸화군이라는 조선의 전통적인 소방조직은 개항과 더불어 서양의 소방장비와 조직들이 도입되면서 우리의 기억 속에서 사라졌다.

가볼 만한 곳

소방역사박물관

보라매공원에 있다. 조선시대부터 현대까지 소방의 역사를 한눈에 볼 수 있다. 멸화군이 사용했던 장비와 수총기부터 근대 소방장비들까지 다양한 볼거리가 전시되어 있다.

경복궁

근정전에서 드므를 볼 수 있다. 경회루의 연못 안에는 불을 막기 위한 주술적 의미로 청동으로 만든 용 두 마리를 넣었다고 한다. 광화문에 있는 해태 역시 관악산의 화기를 막기 위해서 세운 것이다.

02

체탐인體探人

조선의 007

쉿, 들키면 죽음이다!

세종 19년1437년 6월 3일.

그들은 모두 다섯이었다. 활과 환도를 지닌 사냥꾼처럼 보였지만 짐승을 잡는 데는 별 관심이 없었다. 전날 새벽 파저강을 건넌 그들은 젖은 옷을 말릴 틈도 없이 곧장 올라산으로 숨어들었다. 장마가 끝난 직후라 수풀이 무성해 그들의 자취는 금방 가려졌다. 이끼 낀 바위를 능숙한 솜씨로 타넘은 선두의 사냥꾼이 손을 들었다. 그러자 뒤따르던 이들이 모두 걸음을 멈추고 주저앉아 주변을 살폈다.

선두의 사냥꾼이 바로 뒤에 있던 동료를 손짓으로 불렀다. 두 사람은 산 아래를 내려다봤다. 야트막한 산기슭의 끝자락에 자리 잡은 평지에는 개울이 활처럼 휘어져 흐르고 있었다. 개울 양쪽의 넓은 들판 곳곳에 소와 사람이 흩어져서 밭을 갈고 있었다. 선두의 사냥꾼과 함께 그 광경을 본 다른 사냥꾼의 눈이 휘둥그레졌다.

"아이구, 저 놈들이 언제 밭을 일궜답니까? 김장 나리."

"작년에는 그냥 황무지였으니까 올해 초부터였겠지. 여기가 올라산 북쪽이면 쟤들은 오미부가 맞겠지?"

선두에 섰던 김장이라는 사냥꾼의 말에 다른 사냥꾼이 맞장구를 쳤다.

"그럴 겁니다."

"제대로 찾아왔군. 유생이 자네가 개울 양옆에 있는 오두막집 숫자를 세어봐. 난 사람이랑 소 숫자를 셀 테니."

김유생이 소곤거리며 김장에게 숫자를 얘기했다.

"하나, 둘, 셋, 모두 열여덟 채입니다. 저쪽 건너편 계곡에도 몇 채 있을 것 같은데 여기서는 보이지 않습니다."

"소가 다섯 마리에 사람이 열 명인데 다들 노인이랑 애들이야. 말이 안 보이는 걸 봐서는 장정들은 죄다 이만주를 따라 약탈하러 나간 모양이군. 볼 만큼 봤으니 돌아가자."

"알겠습니다."

나지막하게 대답한 사냥꾼이 뒤에서 기다리고 있던 무리에게 김장의 지시를 전했다. 마지막까지 여진족 마을을 내려다보던 김장이 몸을 일으키자 다들 행전行纏, 한복 바지의 정강이와 무릎 아래를 조이는 천으로 움직이기 편하게 하는 효과가 있었다을 바짝 조이고 발걸음을 재촉했다. 쉬지도 않고 올라산 정상을 넘어가자 다들 지쳤는지 숨을 헐떡거렸다. 김유생이 제일 뒤에 따라오던 김장을 돌아보면서 말했다.

"다들 지쳤으니 조금만 쉬었다……."

그는 바람을 가르는 쇳소리에 말을 멈췄다. 머리에 쓰고 있던 전모를 스치고 지나간 화살이 어른 몸통만 한 아름드리나무 중턱에 박혔다. 매의 깃털로 만든 화살 깃이 부르르 떠는 것을 본 김유생이 외쳤다.

"여진족이다, 여진족!"

일제히 활을 움켜쥔 사냥꾼들이 주변을 살펴봤다. 가늘게 눈을 뜨고 주변을 살피던 김장이 산 아래쪽을 가리키면서 외쳤다.

"저쪽이다!"

그의 말이 끝나기가 무섭게 올라산 남쪽 산등성이에서 가죽옷을 입은 여진족 다섯 명이 튀어나왔다. 활과 휜 칼을 휘두르면서 다가오는 그들을 본 김장이 지시를 내렸다.

"남쪽으로 뛰어라! 아까 그 개울가에서 만난다!"

다른 사냥꾼들이 허둥지둥 도망치는 걸 본 두 사람은 나무 뒤에 숨어서 화살을 시위에 끼우고 여진족들을 향해 쏘았다. 두 사람이 화살을 쏘는 것을 본 여진족들도 제각각 몸을 숨겼다. 개중 한 명이 고개를 들고 이쪽을 살피다가 김유생의 화살에 왼쪽 뺨을 맞고 나뒹굴었다. 그러자 다른 여진족들이 비명을 지르는 그를 질질 끌어

바위 뒤에 숨었다. 김장이 김유생의 어깨를 쳤다.

"겁먹은 것 같아. 이 틈에 얼른 가자."

두 사람은 단숨에 산을 타고 내려와서 개울가에 도착했다. 그리고 바위 뒤에 숨은 동료들과 만났다. 그런데 한 명이 보이지 않았다.

"김옥로는 어디 갔어?"

김장의 물음에 두 명이 고개를 저었다. 김유생이 난감한 표정으로 물었다.

"찾아볼까요?"

김장이 고개를 저었다.

"본영으로 돌아간다. 절제사 나리께서 목이 빠져라 기다리고 계실 것이야."

한 명이 줄어든 사냥꾼들은 밀림 속으로 사라졌다.

목숨을 건 조선의 첩보원

영국 작가 이언 플레밍의 007 제임스 본드는 첩보원의 대명사로 알려져 있다. 나비넥타이를 맨 정장 차림으로 파티장을 돌아다니면서 정보를 캐내고 기상천외한 신무기로 악당들을 따돌린다. 멋진 임수 수행과 더불어 007 하면 아름다운 여인과의 로맨스도 빼놓을 수 없다. 그뿐인가? 영어와 독일어, 프랑스어를 구사하고 사격과 격투에도 뛰어난 솜씨를 자랑한다. 보드카 마티니를 즐겨 마시는데 주문할 때면 언제나 젓지 말고 흔들어달라고 하는 독특한 습관을 가지고 있다.

현실에서 007 같은 첩보원이 있다면 분명 단 하루도 버티지 못할 것이다. 최대한 남의 눈에 띄지 않아야 하는 첩보원이 눈에 띄게 잘생긴 외모와 옷차림, 거기다가 매번 같은 술만 마신다면 금방 정체가 탄로 날 것이기 때문이다. 거기다 늘 누군가를 속여야 하고 언제 정체가 탄로 날지 모르기 때문에 긴장하고 있어야 한다. 역설적으로 그런 위험하고 어려운 임무를 맡았다는 점이 첩보원을 낭만적이고 멋지게 그려냈을지도 모른다.

평화를 사랑했던 조선이 첩보원을 잘 썼다고 하면 뜬금없는 소리로 들리지도 모르겠다. 그러나 적어도 건국 초기의 조선은 평화와는 거리가 멀었다. 우리는 교과서를 통해 조선이 초기에 북방 영토를 개척했다고 배웠지만 사실 그 땅은 엄연히 여진족이 살고 있던 땅이었다. 돈을 주고 땅을 사지 않는 이상 충돌은 불가피했다.

당시 여진족은 부족별로 여기저기 흩어져서 농사나 목축으로 살아갔다. 대규모 전면전을 각오할 필요는 없지만, 문제는 이들을 찾아내는 방법이었다. 평안도 북방이나 압록강 너머는 산세도 험하고 길도 없었다. 거기다 조선인들은 가본 적 없는 미지의 땅이나 다름없다. 따라서 군대를 동원한다고 해도 어느 길로 가고 어떤 곳을 공격할지를 판단하기 어려웠다. 강가나 국경에 목책과 성을 쌓고 방어에 치중했지만 기마전에 능숙한 여진족의 게릴라식 습격에 큰 피해를 입었다. 넓은 국경을 다 지키지 못했기 때문에 구멍은 늘 존재했고, 선불리 뒤따라갔다가 매복에 당해서 장수가 전사하는 경우도 여러 번 발생했기 때문이다. 따라서 반드시 여진족의 동태를 살피고 그들의 거주지나 세력을 확인해야 했다. 체탐인은 그런 절박한 필요에 의해서 생겨났다.

세종대왕의 아이디어

체탐인이 주로 활약했던 시기는 세종 때다. 세종이 통치하던 시기는 언뜻 보면 평화로운 시절이었을 것 같지만 사실 전쟁으로 얼룩진 시대였다. 이때 수많은 전쟁으로 압록강 일대까지 확장시킨 북방 영토가 지금까지 이어져오고 있다. 세종은 그곳에 살면서 순순히 물러나지 않던 여진족을 몰아내기 위해 끝없이 싸워야 했고, 따라서 적정賊情을 살펴야 했다.

낯선 땅으로 들어가는 일은 쉽지 않았다. 《실록》을 살펴보면 사로잡히거나 실종되거나 혹은 죽은 체탐인에 대한 얘기가 심심치 않게 나온다.

> "이달 초 3일에 이산의 정탐꾼 김장 등 다섯 사람이 파저강을 몰래 건너서, 올라산 북쪽 모퉁이에 있는 오미부에 이르렀습니다. 강 양쪽 언덕에 큰 들이 모두 개간되어 사람과 소가 들에 흩

어져 있었는데 말은 보이지 않았다고 합니다. 중략 도적 다섯 명이 밀림 속에서 나와 고함을 치면서 쫓아오기에 나무에 의지하여 활을 쏘았는데, 김유생이 적의 왼쪽 뺨을 맞혀서 위기를 벗어났습니다. 돌아오는 길에 보니 군인 김옥로가 사라졌는데 적에게 잡혀 죽은 것이 아니라 짐승에게 당했거나 물에 빠져 죽은 것으로 보입니다."

세종 19년(1437년) 6월 11일자《실록》에서

여진족 말고도 낯설고 험한 지형과 맹수, 급류 등 위험 요소가 많았다. 여진족이 조선에서 체탐인을 보내는 것을 알고는 미리 매복하고 있다가 급습하여 사로잡는 경우도 있었다. 체탐인을 통해 조선의 사정을 듣기 위해서였다. 또한 잦은 체탐은 대규모 군사행동의 징조로 보일 수 있기 때문에 쓸데없는 긴장감을 불러올 수 있다. 따라서 세종은 체탐을 너무 자주 하지는 말라고 명을 내리기도 했다.

이런저런 문제가 있음에도 세종은 평안도 도절제사에게 거듭 정탐을 보내 적의 동태를 살필 것을 주문했다. 그에 따라 체탐인들은 빈번하게 강을 건너 여진족을 살펴봤다. 조기경보기나 레이더가 없던 시절에는 이렇게 사람이 직접 보고 살피는 게 큰 효과를 발휘했다.

체탐인의 활약상은《실록》에 잘 드러나 있는데 이는 조정에서도 이들의 활동에 신경을 많이 썼다는 것을 의미한다. 세종 21년1439년

《실록》의 기사 중에 강을 건너서 기습하려는 여진족을 발견하고 경고를 발령하여 쫓아버린 체탐인들을 포상했다는 기록이 나온다. 이때 체탐 패두라는 명칭이 나오는데 아마도 체탐인들의 우두머리를 지칭하는 말이 아닌가 싶다.

체탐인은 보통 구자口子라고 불리는 일종의 경비 초소에 배속된 형태로 운용이 되었다. 기록에는 5~9명이 한 조를 이뤘다고 나와 있지만 실제로는 세 명 정도가 한 조를 이뤄서 마른 음식과 무기를 휴대하고 사흘에서 닷새 정도 적정을 살피고 돌아오는 것이 일반적이었다. 몰래 갔다가 돌아와야 했지만 여진족에게 들킬 경우 교전이 벌어지기도 했다.

누가 체탐인이 되었을까?
그렇다면 이들은 왜 이렇게 위험한 일에 기꺼이 나섰을까?

"평안도 연변 각 고을의 구자를 지키는 자들은 갑사와 정군 등이 모여 한 군데마다 열 명을 정원으로 삼습니다. 평상시에는 2교대로 운영하다가 비상사태가 벌어지면 합해서 운영합니다. 중략 원래 지키는 사람 511인과 남도에서 차출해서 배치한 29인을 합한 540인 중에 체탐 정군이 409인이온데, 50인 중에 1인은 3년에 한 차례씩 도가 많은 사람 8인을 뽑아서 차례대로 6

품 이하의 산관직을 받게 하여 격려하소서……."

세종 28년(1446년) 1월 4일자 《실록》에서

위험한 일이지만 적의 상황을 파악하는 데 효과적이고 포상도 확실했기 때문에 세종 때 체탐인들의 숫자는 계속 늘어났다. 체탐인들이 어떻게 구성되고 운영되었는지 역시 《실록》에서 엿볼 수 있다. 현재로 치면 GP에 해당되는 구자에 배치된 인원 중에 체탐 정군이라고 불리는 체탐인이 400명이 넘게 배치되었다.

그렇다면 어떤 사람들이 체탐인을 했을까? 《실록》에 나와 있는 체탐인들은 대부분 정탐꾼 혹은 군인이라고 언급된다. 조선 전기의 군대는 원칙적으로 징병제였다. 먼저 현역병에 해당되는 정군과 보충특례 같은 봉족 혹은 보인으로 구분되었다. 앞서 언급했듯이 봉족 혹은 보인은 정군이 현역생활을 하는 동안 그 집안에 경제적인 지원을 해주었다. 주로 쌀이나 베를 일정량 주는 방식인데 갑사의 경우 보인 넷이 붙고, 수군의 경우는 보인이 하나 붙는 등 병종에 따라 차이가 있다. 이렇게 뽑힌 정군 중에서 체탐인이 선발된 것으로 추정된다. 주로 현지인 중에서 차출된 군인이나 지원한 민간인 중에서 차출한 것으로 보인다.

당시 국경은 지금처럼 철조망과 지뢰로 빈틈없이 막혀 있는 형태가 아니었다. 조선 사람들이 강을 건너가 농사를 짓거나 통혼하는 경우가 많았던 것을 봐서는 나름대로 교류를 하지 않았나 싶다. 따라서 현지 사정과 지형을 잘 아는 현지인 출신 중 정군으로 뽑힌 군인들이 체탐인 역할에 적격이었다.

갑사는 굳이 분류하자면 특전사쯤으로 보인다. 권력가의 사병으로 출발한 갑사는 국가의 녹을 받는 존재로 변해갔다. 주로 농민 출신이었던 정군과는 달리 전문 무사집단이었던 이들은 정예병이라는 인식을 받았다. 체탐인이 된 갑사들은 국경지방을 지키기 위해 파견된 양계갑사로 보인다.

체탐인 중에는 현직 무관도 있었다. 이숙림이라는 인물이 진무鎭撫라는 관직을 가지고 있다고 따로 언급된다. 진무에는 종3품 당하관에서 정6품 참상관 사이의 품계를 가진 무관이 임명되었다. 그 밖에도 귀화한 여진인들을 체탐인으로 쓰는 경우가 종종 있었다.

세조 때는 체탐 갑사라는 명칭이 나오는 것으로 봐서 노하우가 쌓이면서 상당히 조직적으로 운용된 것으로 보인다. 이는 체탐인이 캐낸 정보의 효과를 톡톡히 보면서 확대된 것으로 볼 수 있다. 무엇을 해야 하는지 알고 있던 왕과 그것을 충실히 따르던 신하, 그리고 목숨을 바쳐서 맡은 바 임무를 수행해낸 체탐인들이 함께 일궈낸 결과가 바로 우리가 지금 지도에서 볼 수 있는 국경선이다.

늘 창의적이었던 세종이 한번은 평안도 도절제사 이천에게 깜짝 놀랄 만한 제안을 했다. 사형수들로 체탐인들을 보내자는 것이었다. 사형수이니 어차피 죽어도 아깝지 않을 것이고, 감형을 내걸면 열심히 하지 않을까 하고 생각했던 것이다. 《실록》을 보면 조목조

목 침을 튀기면서 사형수 특공대를 구성해야 하는 이유를 설명하는 세종과 난감해하는 이천의 모습이 그려진다. 세종은 한술 더 떠 귀화한 여진족을 길잡이로 쓰면 금상첨화라고 덧붙였다. 이천은 진땀을 흘리며 조심스럽게 안 되는 이유를 설명했다. 적임자를 구하기 힘들 뿐더러 사형을 선고받을 정도로 죄질이 나쁜 자들이라 통제가 어렵다고 아뢰었다. 결국 사형수 특공대를 적진에 보내는 일은 유야무야 없었던 일이 된 것 같다. 하지만 이 문제를 단순히 왕의 오지랖으로 볼 수만은 없다. 위험한 임무이기는 했지만 막대한 포상이 주어지는 일이라 자원자들은 적지 않았을 것이다. 그리고 이들이 위험을 무릅쓰고 가져온 정보들은 국경선을 지키는 데 큰 도움이 되었다.

체탐이 점차 사라지다

세종 때 정점을 찍은 체탐인의 활동은 세월이 흐르면서 차츰 사라져갔다. 압록강과 두만강이 국경선으로 확정되면서 더 이상 여진족과의 충돌이 일어나지 않게 된 것이다. 수많은 체탐인들이 죽음을 무릅쓰고 찾으려고 했던 평화가 찾아오면서 역설적이게도 그들 자신의 운명에 종지부가 찍힌 셈이다.

세종이 체탐인 운영에 대해서 평안도 도절제사에게 미주알고주알 얘기하던 때에서 반세기쯤 지난 성종 17년1486년에는 전혀 다른 보고가 올라왔다. 여진족이 두만강 북쪽의 숲에 불을 지른 탓에 숨을 곳이 없어져 강 건너에서 체탐하기가 어려우니 국경선 안의 높은 산에 올라가서 살펴보는 것이 좋겠다는 보고였다. 성종은 대신들에게 이 문제를 논의하게 했고 동의하는 의견이 주류를 이루자 승낙했다. 이후 체탐인에 관한 기록은 급속도로 줄어들었다. 그러다 임진왜란이 일어나자 이번에는 체탐을 제대로 못한다고 자책하는 기록이 연달아 나온다. 수급, 즉 적의 목을 가지고 상을 주기 때문에 체탐하는 자는 논공행상에서 밀리는 바람에 자원하는 이가 없었던 것이다. 적임자를 찾지 못해서 아무나 뽑아서 보낸 덕분에 적정을 제대로 살피지도 못한 것이다. 따라서 적에게 기습을 당해서 패하는 일이 빈번하다면서 대책을 세워야 한다는 얘기들이 오갔다. 이에 따라 체탐인을 양성하기 위해서 뒤늦게 여러 가지 대책을 세웠지만 이미 늦고 말았다.

가볼 만한 곳

화성행궁

오늘날 체탐인의 흔적이 남아 있는 곳을 찾아보기는 어렵다. 수원 화성 행궁의 정문인 신풍루 앞에 가면 《무예도보통지》에 나오는 무예24기 시범공연이 열린다. 매주 화요일부터 일요일까지 하루 두 번 열리는 이 시범공연에서 비록 후대이긴 하지만 체탐인들이 썼을 법한 활이나 환도 등을 다루고 있다.

03

한증승汗蒸僧과 매골승埋骨僧

사우나를 운영하고 시체를 묻다

살려면 땀을 빼라

동활인원 옆 공터에 남자들이 한두 명씩 모여들기 시작했다. 입춘이 지난 지 얼마 되지 않아 아직 날씨가 제법 쌀쌀했지만 다들 옷을 벗은 채 낡은 천이나 가마니로 몸을 감싸고 있다. 사내들 앞으로 돌로 만든 커다란 움집 같은 게 보였다. 한 사람이 겨우 들어갈 만한 입구는 거적으로 가려져 있다.

쪽지게에 새우젓이 든 항아리를 짊어지고 가던 보부상이 바라보자 옆에서 함께 걷던 동료가 핀잔을 줬다.

"왜? 여자가 있는지 보는 거야?"

벌거숭이 남자들이 줄지어 선 행렬을 신기한 듯 바라보던 보부상이 씩 웃으면서 말했다.

"그게 아니라 이 엄동설한에 뭔 일인가 해서 말이야."

"뭐긴, 환자들이 한증소에서 한증하는 거잖아."

"한증?"

그의 반문에 동료가 코웃음을 쳤다.

"누가 한양이 처음 아니랄까봐서 촌티를 내요. 몸이 찌뿌듯하고 열이 나면 한증을 해서 몸에 땀을 쫙 빼주면 씻은 듯이 나아지거든."

"소문을 듣긴 했는데 정말 효과가 있는 거야?"

"나도 지난번에 너무 어지럽고 기가 허해서 땀을 뺐더니 금방 나아지더라니까."

보부상들이 얘기를 주고받으며 지나가는 사이 한증소에서 나온 승려가 기다리고 있던 환자들에게 말했다.

"안이 뜨거워졌으니 한 명씩 들어가서 안쪽부터 누우시오."

승려의 말이 끝나기가 무섭게 환자들이 우르르 안으로 들어갔다. 거적을 들춰 올린 승려는 남자들이 들어가서 자리를 잡는 것을 보더니 손짓을 했다. 그러자 활인원 노비들이 물이 든 항아리와 젖은 가마니를 들고 왔다. 소매를 걷은 스님이 항아리를 넘겨받고는 허리를 굽혀 안으로 들어갔다. 방금 전까지 불을 때운 탓에 한증소 안은 숨쉬기가 어려울 정도로 뜨거웠다.

환자들은 바닥에 깔아둔 소나무 가지에 눕거나 앉아 있었다. 승려는 한증소 한가운데 작은 화로에서 활활 타고 있는 소나무 가지 위에 항아리에 든 물을 부었다. 치직거리는 소리와 함께 흰 연기가 한증소 안을 가득 메웠다. 환자들은 일제히 두 팔을 벌리고 손으로 부채질을 하면서 그 연기를 쬐었다. 물이 튀지 않도록 조심스럽게 물을 부은 승려는 화로에 묶어둔 새끼줄을 쥐고 조심스럽게 밖으로 나왔다.

이번에는 노비들이 부지깽이를 들고 능숙한 솜씨로 젖은 가마니 위에 화로를 뒤집었다. 방금 꺼진 불에서는 아직도 연기가 나고 있었다. 물을 조금 더 부은 노비들이 마른 가마니를 양쪽에서 쥐고 서자 승려가 한증소의 거적을 살짝 들췄다. 노비들이 마른 가마니를 부채처럼 흔들자 연기가 한증소 안으로 밀려들어갔다. 땀으로 범벅이 된 승려가 노비들에게 말했다.

"힘들겠지만 힘차게 부쳐주시게. 아픈 이한테는 이보다 더한 보약이 없을 것이야."

노비들이 부채질하는 것을 지켜보던 승려가 멀리서 다가오는 다른 승려를 알아보고는 반가운 표정을 지었다.

"묘덕 스님. 일은 잘 끝나신 겁니까?"

그러자 묘덕이라 불린 승려가 공손히 합장을 하면서 대답했다.

"암요. 마을 사람들을 다독거려서 세 가족 시신을 모두 살던 곳 뒷산에 평토장으로 묻었습니다."

"그래도 스님 덕분에 좋은 곳으로 갔을 겁니다. 욕보셨습니다."

"부처님이 저에게 시키신 일이니 열심히 해야지요. 그나저나 날이 추워서 별로 없을 줄 알았는데 환자들이 제법 되는군요."

묘덕의 물음에 한증소를 맡은 승려가 고개를 끄덕거렸다.

"겨우내 기력이 쇠한 백성들이 적지 않습니다. 많이 먹지 못한 몸들이라 조금만 병이 들어도 크게 앓기 마련이지요."

묘덕은 안타까운 시선으로 한증소를 바라봤다. 주변에는 다음 차례를 기다리는 환자들이 하나둘 모여들고 있었다.

미운털 박힌 불교, 국책사업에 동원되다

잘 알려지지 않았지만 조선시대에도 사우나가 있었다. 주로 치료를 목적으로 쓰였는데 그곳의 관리는 승려들이 맡았다. 산중에서 불경을 읊고 있어야 할 승려들이 무슨 일로 사우나를 관리하고 있단 말인가.

사연을 풀어놓기 전에 조선의 불교 정책에 대해 잠시 짚고 넘어가는 게 순서일 듯싶다. 학교 다니던 시절 공부깨나 했다면 사대교린 정책, 농본 정책, 그리고 숭유억불 정책이라는 조선의 3대 정책을 잘 알고 있을 것이다. 고려시대에 절정기를 맞이했던 불교는 조선시대 들어와서 그야말로 철퇴를 맞았다. 유학자인 조정 대신들은 불교와 승려들을 말하자면 '악의 축' 정도로 인식했다. 그래서 가급적 눈에 보이지 않는 곳으로 쫓아버리려고 했다. 오늘날 사찰이 모두 깊은 산속에 들어간 이유도 바로 이 때문이다. 나아가 아녀자들이 불공을 드리러 절에 가는 것도 막으려고 했으며, 승려들이 도성 안에 들어오는 것도 탐탁지 않게 여겼다. 따라서 언뜻 보면 조선 전기에 승려들이 쥐죽은 듯 지냈을 것 같다. 한증승과 매골승에 관한 얘기를 듣기 전까지는 말이다.

이렇게 조정 대신들이 불교를 미워하고 없애려고 했지만 결국은 실패하고 말았다. 불교 신자들의 숫자가 적지 않았기 때문이기도 하지만 결국 조정에서도 이들이 필요했기 때문이다. 조선 초기에는 한양 성곽부터 궁궐까지 대형 건축 공사들이 줄줄이 시행되었다. 한양을 둘러싼 성곽만 해도 약 18킬로미터에 달했고, 사대문과 사소문, 궁궐과 관청들도 새로 만들어야 했다. 지금처럼 레미콘이나 포클레인이 없었으니 사람들이 직접 하나하나 쌓아야 했다. 1396년에 한양 성곽을 쌓기 위해 전국에서 동원된 백성이 무려 20여 만 명에 달했다고 한다. 공사기간은 거의 100일이나 걸렸다. 몇 년 동안의 공사가 일반적인 오늘날에 비하면 상당히 짧은 기간이지만 농사를 비롯한 생업이 있는 백성들에게는 분명 부담스러운 기간이었다. 백성들의 부역 동원이야 당연한 일일지 몰라도 이렇게 대규모로 자주 동원하면 여러 가지 문제들이 발생할 수밖에 없었다.

가장 큰 문제는 역시 농사를 망칠 수 있다는 점이다. 공사기간이 100일이라고는 하지만 고향에서 출발해서 부역을 마치고 돌아가기까지를 계산하면 100일이 훨씬 넘는 시간이다. 그동안 농사일은 할 수 없다. 당사자에게도 큰 문제지만 세금을 걷는 국가 입장에서도 풀어야 할 과제가 아닐 수 없었다. 그렇다고 성곽이나 궁궐을 쌓지 않을 수는 없는 노릇이다. 결국 조정에서는 고민 끝에 묘안을 짜냈다.

> "궁실의 제도는 임금이 거처하는 곳이 있어야 하고, 백관들이 집무하는 방이 있어야 하므로, 필요한 건물의 수가 적지 않습니다. 따라서 수만 명의 인부들을 써야 하는데 농민으로 그 수를 채우면 반드시 농사 때를 놓칠 것이니 염려하지 아니할 수 없습니다. 사대부가 집 한 채를 경영하는 데에도 반드시 중을 청해서 일을 시키는 것은 기술이 있기 때문입니다. 하물며 궁궐을 처음으로 짓는 데에 어찌 익숙지 못한 사람을 쓰겠습니까? 다만 농사만 폐하고 공사가 늦어질 뿐입니다. 나라의 도승은 원래 정한 수효가 없고, 백성 가운데 중이 10분의 3은 되는데, 그중에 부역할 수 있는 자가 3분의 2는 될 것입니다."

태조 4년(1395년) 2월 19일자 《실록》에서

조선의 행정력이 당대 최고 수준이었다고는 하나 고려를 무너뜨리고 건국된 지 얼마 안 된 상황에서 농민들을 계속 불러서 쓰다가는 농사를 망치는 것은 물론 민심이 폭발할 수도 있다. 따라서 국책 사업에 승려를 동원한다는 아이디어는 이후에도 계속 반복해서 나온다. 사실 조선 전기에 잘 조직되고 훈련된 집단을 하나 꼽으라면 역시 승려들이었다. 농사를 짓지 않으니까 얼마든지 부려먹을 수 있고 사찰별로 수십 명씩 모여 있기 때문에 소집하기도 편했다.

각 지방의 사찰들은 지방의 특산물을 조정에 바치는 공납에도 관여했다. 공납을 한양으로 직접 가져가 바치는 대신 사찰에 바치는 대납제가 생겨난 것이다. 조정에서 거의 공인하다시피 한 이 제도 덕분에 사찰은 유학자들이 쌍심지를 켜고 있는 와중에도 명맥과 권력을 유지할 수 있었다.

조정 대신들은 승려들이 빈민구제에도 쓸모가 있음을 깨달았다. 사실 환자와 빈민을 돌보는 일은 여간 정성으로는 감당이 안 되는 일이다. 그렇지만 가난한 사람들을 돌보는 일을 늘 해오던 승려들에게는 어려운 일도 피해야 할 일도 아니었다. 따라서 빈민구제에 승려를 동원하는 일은 비교적 자연스럽게 시행된 것으로 보인다.

한증소의 운영을 맡기다

강화 교동도에 고구리를 비롯해서 한증소가 여러 곳 있었으며 1960년대까지 이용되었다고 전해지는데, 이처럼 한양에서 멀리 떨어진 곳에 민간인들이 세운 한증소가 있는 것을 보면, 한증소가 동서활인원 말고도 민간에 퍼져나간 것으로 보인다.

한증소는 세종 4년의 《실록》에 병자들이 한증소에서 땀을 빼다가 죽었다는 기록에서 처음으로 언급된다. 과학적으로 보면 땀을 배출하는 행위가 고혈압과 당뇨에는 좋지만 무작정 땀을 뺄 경우 자칫 위험해질 수도 있다. 임금이 직접 한증으로 인해 사망자가 발생했다는 사실을 입에 올릴 정도면 한증소가 꽤 오랫동안 광범위하게 이용되었음을 알 수 있다. 한증소에서 환자들이 죽는 일은 그 후에도 계속 일어났는지 세종 10년에는 의원을 보내 환자의 상태를 확인하고 들여보내라는 지시가 내려진다.

이보다 1년 전에는 한증소의 운영을 맡은 한증승 천우와 을유 등이 나라에서 쌀과 베를 내려주면 그걸 밑천 삼아서 빈민구제에 사용하겠다고 청한다. 보고를 받은 세종은 물론이고 불교와 관련된 일이라면 쌍심지를 켜던 대신들도 선선히 승낙했다. 몇 년 전 명호라는 승려가 하려고 했었지만 갑작스럽게 세상을 떠나면서 시행하지 못했던 일이다. 세종은 한증소에 각별히 신경을 써서 좋은 곡식과 장작을 공급하라는 명령을 내렸다.

애초에 한증소는 한양의 빈민들을 치료하고 돌보는 동과 서 활인원에 하나씩 있었다. 하지만 이용자가 계속 늘어나자 동활인원의 한증승인 혜일이 한증소를 세 곳으로 늘려 남과 여, 그리고 사대부로 구분해서 이용할 수 있도록 조정에 건의했다. 아울러 석탕자라는 일종의 욕탕을 만들었다.

한증소의 전체 관리를 맡은 것은 한증승이라 불리는 승려들이었다. 이들은 동서활인원의 관리들과 전의감의료행정과 의학교육을 관장하던 관청, 혜민국일반 서민을 치료하던 기관의 의원들과 함께 일했고 조정에 건의를 할 정도라면 보통 승려들은 아니었던 것으로 보인다.

조정에서는 승려들을 공사에 동원할 때 그 일을 맡아서 지휘하는 간사승이라는 제도를 암묵적으로 인정했다. 간승 혹은 간의 사승이라고도 불리는 이들은 승려들을 동원하고 감독해야 했기 때문에 아마도 각 사찰의 주지급 스님들이 맡았을 것이다. 한증소를 맡은 것도 이 간사승들이 아니었을까 싶다. 성종 때의 기록에 급료의 일종인 요料가 지급되었다는 것을 보면 일종의 임시직 공무원으로 봐도 무방하다. 겉으로는 불교 타도를 외치면서도 필요할 때마다 승려들을 부려먹는 조선시대 위정자들의 이중성을 다시 한 번 확인할 수 있다.

불심으로 장례를 치러주다

역사적으로 종교가 빈민구제에 큰 역할을 해왔다는 사실이 그리 새삼스러운 이야기는 아니다. 사정이 어렵거나 아픈 사람들을 돌봐주고자 하는 마음은 금전이나 승진 같은 물질적 동기보다 종교적 심성이나 인류애 같은 정신적 동기에서 출발하는 경우가 많기 때문이다.

한증승이 환자를 치료하고 돌봤다면 매골승은 죽은 자를 떠나보내는 역할을 맡았다. 지금도 그렇지만 당시 사람들도 죽은 자들 가까이 가기를 꺼렸다. 그러나 20여 만 명이나 살고 있는 한양에서는 매일 이런저런 이유로 죽어가는 사람들이 나올 수밖에 없다. 그중에는 길가에 그냥 버려지는 시체도 있다. 누군가는 그 시체들을 옮겨야 했지만 선뜻 나서는 이가 있을 리 없다.

그렇다면 승려들은 어떻게 장례를 담당하게 되었을까? 조선시대의 일반적인 장례 방식은 고려시대부터 이어져온 화장이었다. 따라서 승려들에게는 화장을 하고 뼈를 수습하는 일이 일상사이기도 했다. 고려 후기 공민왕의 총애를 받으며 개혁정책을 시행하다가 비참하게 죽은 신돈도 한때 매골승 노릇을 했던 것으로 알려져 있다. 사찰 안에서만 활동하던 매골승들이 국가의 부름을 받게 된 이유는 역시 달리 적임자가 없었기 때문이다. 고려시대 빈민구제기관인 대비원에 이미 매골승이 소속되어 있던 것이 그대로 이어져왔다고 추정하기도 한다.

조선에서는 매골승을 아예 공개적으로 채용하고 실적까지 할당했다. 세종 9년인 1427년 예조에서 매골승 채용공고를 냈다. 기존의 매골승 열 명으로는 그 수가 부족하니 여섯 명을 더 채용해서 각각 여덟 명씩 동서활인원에 배치하겠다는 것이 채용의 목적이었다. 두 팀으로 나눠진 매골승들의 관할구역은 한양과 성저십리성 밖 10리라고 불리는 곳으로 통상적으로는 이곳까지 한성부에 속했다. 매골승들은 일을 맡는 대가로 매달 곡식과 장, 소금을 지급받고 봄과 가을에는 면포 1필씩을 약속받았다. 그리고 일종의 인센티브 제도를 도입해서 가장 많이 매장한 매골승에게는 관직을 주고 사헌부와 한성부에서 감독을 받도록 했다. 첫 채용공고가 아니고 이미 매골승 열 명이 있는 상태에서 추가 공고를 낸 것을 보면 이 시스템이 어지간히 효과가 좋았던 모양이다.

매골승들은 한양과 변두리를 돌아다니거나 혹은 신고를 받고 가서 거두는 이 없는 시체를 수습하고 좋은 곳으로 떠날 수 있도록 기원해주었다. 한증승과 매골승은 조정에서 일정한 급료를 받았기 때문에 종종 일어났던 승려들에 대한 각종 탄압과 제한 조치에서도 예외를 인정받았다. 그만큼 필요하고 험한 일이었기 때문이다.

조선시대 사우나와 장례식

그렇다면 한증승과 매골승은 언제까지 활동했을까? 애석하게도 시작만큼이나 종말 역시 불분명하다. 다만 한말에 활동했던 기산 김준근의 그림에 한증소가 나온 것을 보면 한증소가 꽤 오랫동안 명맥을 유지했고, 한증승들도 남아 있었던 것으로 보인다. 반면 매골승에게는 강력한 경쟁자가 등장했다. 역설적이게도 불교 신도들의 결사체에서 출발한 민간조직 향도계가 장례를 독점해버린 것이다. 강력한 경쟁자가 나타났지만 향도계에서 치르는 장례는 상주가 있는 것이었고, 매골승들이 맡은 시신은 무연고, 즉 가족이나 친지가 없는 시신이라서 꽤 오랫동안 공존한 것으로 보인다.

한증소는 일제강점기에 접어들면서 일본식 대중목욕탕에 밀려난 것으로 추정된다. 그리고 시간이 흐르면서 대중목욕탕도 찜질방의 등장으로 크게 줄어들었다. 목욕탕과 사우나를 모두 갖춘 찜질방에는 더 이상 몸이 아픈 환자들이 찾지 않는다. 가족이나 친구들끼리 오순도순 모여서 삶은 계란을 까먹거나 미역국을 먹으면서 시간을 보내는 휴식공간으로 변한 것이다. 하지만 아직도 허리나 등을 지지기 위해서, 혹은 가벼운 감기기운을 없애기 위해서 가는 사람들이 있는 걸 보면 옛날의 희미한 기억이 이어져오고 있음을 느낄 수 있다.

가볼 만한 곳

서활인서 터 표지석

서대문구 아현중학교 앞에 표지석이 남아 있다. 동활인서는 따로 표지석이 남아 있지는 않고 동소문동 삼선중학교 근처에 돈암장 자리에 있던 것으로 알려져 있다. 돈암장은 광복 이후 귀국한 이승만이 대통령으로 선출되기 전에 머물렀던 곳으로 반탁운동이나 남한단독정부 수립 같은 중요한 정치적 사안들이 결정된 장소이기도 하다.

복원된 한증소

강화 교동도 고구리에 한증소가 복원되어 있다. 돌로 만든 움집 형태의 한증소와 몸을 씻는 데 이용했던 샘물터 등이 남아 있다. 현지 주민들의 증언을 토대로 복원했으며 한국전쟁 이후에도 이용되었다는 얘기가 전해진다. 교동 나들길 2코스 중간에 있다.

04

다모茶母

그녀는 진짜 형사였을까?

조선의 여형사

순조 32년1832년.

뒤뜰에서 들려오는 소리에 부엌에 있던 늙은 여인이 무심코 밖을 내다봤다. 잿빛 저고리와 치마 차림의 덩치 큰 여인이 뒤뜰 구석에 숨겨놓은 항아리를 들고 있는 게 보였다. 보통 때라면 도둑이라고 소리쳤겠지만 늙은 여인은 소리를 치는 대신 바닥에 납작 엎드렸다.

"아이구, 잘못했습니다요."

그러자 여인이 항아리를 조용히 내려놓고는 물었다.

"지금 삼남 지방에 큰 가뭄이 들어 나라에서 술을 빚지 말라는 금주령을 내린 지 오래입니다. 보아하니 집이 허름하기는 하지만 안방에서 글 읽는 소리가 들리는 것으로 봐서는 양반임이 분명한데 어찌 조정의 금령을 어긴 것입니까?"

"나라의 지엄한 영을 어찌 모르겠습니까? 다만 우리 영감이 나이가 들면서 병이 생겨서 술이 없으면 밥을 넘기지 못한다오. 금주령이 내리고 술을 마시지 못하니 병이 더욱 깊어졌지 뭡니까? 그래서 할 수 없이 쌀을 빌어다가 술을 빚게 되었습니다. 다모께서는 부디 이 늙은이의 사정을 봐주시구려."

늙은 여인의 얘기를 들은 다모는 치마 속에서 쇠도리깨를 꺼내 들고는 안방 문을 열었다. 글을 읽던 늙은 여인의 남편이 콜록거리면서 그녀를 바라봤다. 문을 닫은 다모는 부엌과 집 안팎을 살펴보고는 부들부들 떨고 있는 그녀에게 다가왔다.

"술은 항아리에 있는 게 전부입니까?"

"네. 제가 잡혀가면 영감을 돌볼 사람이 없습니다. 제발 용서해주시오."

다모는 체통도 잊고 바닥에 엎드린 채 자신에게 애걸하는 늙은 여인을 일으켜 쪽마루에 앉혔다. 그러고는 낮은 목소리로 물었다.

"이 집에서 술을 빚는 것을 아는 사람이 있습니까?"

"옆집에서 쌀을 빌리기는 했지만 술을 빚는다고는 안했다오. 누룩도 내가 직접 담갔습니다."

늙은 여인의 대답을 들은 다모가 고개를 갸웃거렸다.

“그럼 딴 사람에게 술을 판 적은요?”

“영감한테 줄 거라서 다른 사람한테는 팔지 않았다오. 내가 돈을 받고 팔려고 했다면 어찌 한 항아리만 담았겠소.”

그녀의 얘기를 들은 다모는 한참 동안 생각하다가 항아리 쪽으로 걸어갔다. 결국 처벌을 면치 못할 것이라는 생각에 늙은 여인이 눈물을 지으려는 찰나 항아리를 번쩍 든 다모가 부엌으로 들어갔다. 그러고는 뒤따라온 늙은 여인에게 말했다.

“밖에 두지 말고 부엌 안에 두면서 조금씩 쓰십시오. 냄새가 퍼지면 밖에서 눈치를 챌 수 있답니다.”

다모의 마음 씀씀이에 감격한 늙은 여인이 몇 번이고 고개를 숙이면서 고맙다고 말했다. 그러자 다모가 마지막으로 물었다.

“술도 직접 담그고 딴 사람한테 팔지도 않았다면 혹시 술을 맛 본 사람은 없나요?”

“엊그제 시동생이 와서 목이 마르다고 해서 한 사발 준 게 전부입니다.”

얘기를 들은 다모는 늙은 여인에게 말했다.

“앞으로는 누가 찾아와도 술을 주지 마십시오. 나라에서 금주령을 어기는 죄인을 고발하면 포상금을 준다고 해서 다들 눈이 벌개져서 돌아다니고 있답니다.”

“꼭 그리하겠소.”

다모는 몇 번이고 고맙다는 인사를 하는 늙은 여인을 뒤로하고 밖으로 나왔다. 그리고 천천히 큰길가로 걸어 나와 동네 어귀에서 기다리고 있던 포도청 포교와 포졸들에게 말했다.

"집 안팎을 뒤져봤는데 술은 없었습니다."

"그래? 분명히 저 집이라고 했는데."

입맛을 다신 포교가 전립을 고쳐 쓰면서 엉덩이를 털고 일어났다. 다모는 투덜거리면서 포도청으로 돌아가는 그들의 뒤를 따랐다. 일행이 큰길로 나오자 도포에 갓을 쓴 선비 한 명이 뒷짐을 지고 어슬렁거리다가 냉큼 다가왔다. 그를 본 포교가 얼굴을 찌푸리면서 손사래를 쳤다.

"가봤는데 술이 없었네."

그러자 선비는 그럴 리가 없다는 표정으로 말했다.

"제가 두 눈으로 직접 봤습니다."

"명색이 양반집이라 다모를 시켜서 확인했네. 금주령으로 일이 바쁜데 괜히 헛걸음을 했네, 그려."

잠자코 지켜보던 다모는 포교와 얘기를 나누던 선비 앞에 섰다. 그리고 다짜고짜 뺨을 후려치고는 어안이 벙벙해진 선비에게 호통을 쳤다.

"명색이 양반이라는 자가 늙은 형님을 봉양하기 위해서 형수가 술을 만드는 것을 고발하고 돈을 받으려고 하다니 참으로 염치가 없구나."

쇠도리깨를 꺼내서 움켜쥔 다모가 당장이라도 내리칠 것처럼 보이자 선비는 그대로 줄행랑을 치고 말았다. 자초지종을 들은 포교는 포도청으로 끌고 가 상관에게 이 사실을 알렸다. 얘기를 들은 상관은 처음에는 그녀를 가뒀다가 밤중이 되자 은밀히 찾아와서는 돈을 건네면서 의기를 칭찬했다. 풀려난 다모는 곧장 늙은 여인의 집으로 찾아가서 그 돈을 건넸다. 한사코 받을 수 없다고 얘기하는 그녀에게 억지로 돈을 건넨 다모는 뒤도 돌아보지 않고 집을 나왔다.

노비의 신분

이 이야기는 조선 후기 송지양이 쓴 〈다모전〉이라는 소설을 각색한 것인데, 사실 '다모' 하면 송지양의 소설보다 몇 해 전 텔레비전에 방영된 드라마를 떠올리는 사람들이 더 많을 것이다. 그렇다면 과연 드라마 속에서 활약상을 보여준 다모라는 여형사가 조선시대에 실제로 존재했을까? 만약 존재했다면 어떤 사람이 다모가 되었을까? 그리고 왜 '다모茶母'라는 이름으로 불리게 되었을까?

다모는 본래 관청에서 관리들에게 차를 내주는 일을 맡은 관청 소속의 여노비들이었다. 일반적으로 조선시대 들어서 차문화가 쇠퇴한 것으로 알고 있지만, 일반 백성들이 손에 넣기가 어려워졌을 뿐이지 고급관리나 왕실에서는 여전히 차를 즐겼다. 왕실의 차는 궁궐의 음식을 책임지는 사옹원에서 맡아서 관리했다. 사옹원의 숙수들 중에는 다색茶色이 열 명 있었는데 이들은 대전과 대비전, 그리고 세자궁에 각각 나뉘어 파견되었다. 사옹원의 다색 외에도 내관들의 직책 중에 차와 관련된 상다가 있는 것으로 봐서는 왕실에서는 차를 자주 즐긴 것으로 보인다.

왕과 매일 마주보는 대신들 역시 차의 주요 소비자였다. 지금도 미팅을 하거나 회의를 할 때면 대개 우선 뭘 마실지 묻는 것을 생각해보면 조선시대에도 매일 회의를 해야 하는 관리들에게 차가 필수였다는 점은 어렵지 않게 짐작할 수 있다. 특히 관리들의 비리를 감찰하고 고발하는 사헌부에는 차를 마시는 공간인 다시청茶時廳이 있었다. 사헌부 관리들은 매일 이곳에 모여서 차를 마시는 일종의 티타임인 다시茶時를 가졌는데 이때 죄를 저지른 관료들에 대한 처벌 수위에 대해서 의견을 나누고 정보를 교환했다. 한밤중에 급한 일로 모였을 때는 야간 티타임이라고 할 수 있는 야다시夜茶時를 가지기도 했다. 당사자들에게는 느긋하게 차 한 잔 마시면서 의견을 교환하는 자리지만 누군가에는 인생이 결정되는 초조한 시간이기도 했다.

지금도 부서 간 회의가 열릴 경우 실무자들이 미리 만나 의견을 조율할 때 '이봐, 차나 한 잔 하지'라고 말을 거는데, 조선시대에도 대낮에 나랏일을 하면서 술을 마실 수는 없으니 사람들이 모일 때 자연스럽게 차가 애용되었던 것이다. 왕실과 사헌부 외에도 티타임이 필요한 각 관청에는 차를 담당하는 다모가 배치되어 있었다. 여담이지만 성호 이익은 조선 후기 들어서 '야다시'라는 말이 짧은 시간에 사람을 때려잡는다는 뜻으로 변하고 말았다고 개탄하기도 했다. '야단났다'의 어원이 여기서 시작되었다는 이야기가 있는데 이익의 기록을 봤을 때 제법 그럴 듯해 보인다.

조선시대에는 요즘처럼 간단히 물을 붓거나 버튼을 누르는 것으로 차 한 잔이 완성되는 티백이나 커피 머신이 없었기 때문에 차를 준비하는 것은 번거로운 일이었다. 공물로 들어온 차를 관리하는 일부터 차를 만들기 위해서는 물을 끓여야 했고, 그릇과 주전자 역시 잘 보관해야 했다. 따라서 별도의 차를 다룰 사람을 두어야 했으며 그 일은 관청에 배속된 공노비들 중에서 여자들에게 맡겨졌다. 요리사인 숙수가 남자들이었다는 점과 비교가 되는데, 비교적 힘이 덜 드는 일이고 차를 마시는 남자 관리들이 같은 남성을 기피했던 것이 영향을 미치지 않았나 싶다.

다모가 한양의 관청에만 있었던 것은 아니다. 도로와 역마를 관리하던 역에도 배속되어 있었다. 주방을 책임지는 사람을 칼자라고 불렀는데 그 밑에는 빨래꾼인 세답과 바느질을 맡은 침장, 술을 파는 주모와 기생으로 추정되는 주탕, 그리고 채소를 기르는 채원 등과 함께 다모도 배치되었다. 아마 지방을 다스리는 수령이 있는 관아에도 한두 명 배치되어 있거나 혹은 그 역할을 맡은 기생이나 계집종이 있었던 것으로 보인다. 포도청의 경우 다모간이라고 불리는 별도의 거주공간이 있었다는 사실이 확인되지만 역과 지방의 경우에는 밝혀지지 않았다. 그리고 정조 때 창설된 친위부대인 장용영에도 두 명의 다모가 배속되어 있었던 것을 보면 조선시대에 다모는 흔한 직업 중 하나였을 것으로 보인다.

다모는 국가에 매어 있는 노비의 신분이었다. 조선의 차문화가 크게 눈에 띄지 않았다는 점도 이것과 연관이 있다. 당사자들에게 차는 발전시여야 하는 것이 아니라 귀찮고 힘든 노역이었기 때문이다. 한편 관청에 배속된 다모는 종종 안 좋은 일로 사람들의 입에 오르내렸다. 태종 때에는 왕실의 물품을 관리하던 장흥고의 관리가 배속된 다모와 간통을 했다가 체포되는 일이 벌어졌다. 세종 때에는 성균관의 문묘에서 제사를 지내고 뒤풀이로 하급관리들이 잔치를 열었다가 이 광경을 본 성균관 유생들과 시비가 붙은 일이 있었다. 이때 하급관리들이 다모들로 하여금 노래를 부르게 했던 것을 보면 낮은 지위 탓에 남자들에게 희롱을 당했던 것으로 보인다. 영조 때에는 지방수령이 마음에 드는 처녀를 손에 넣기 위해 다모로 삼으려고 했던 사례가 보인다.

어디에나 존재했던 다모. 그러나……

다모라는 직업과 그들의 신분에 대해서 알아봤으니 이제 그들의 또 다른 직업이라고 할 수 있는 여형사 역할에 대해서 살펴보자. 일단 다모가 여형사 혹은 비슷한 역할을 해야만 했던 것은 '남녀칠세부동석'으로 대표되는 조선시대의 남녀유별 문화 때문이다. 관리들은 모두 남자였기 때문에 여성들과 마주치는 일을 가급적 피해야 했다. 1790년, 승정원의 승지들이 경기도 관찰사의 장계신하가 자기 관하의 중요한 일을 왕에게 보고하거나 청하는 문서를 들고 임금에게 면대를 청했다. 내수사왕실 재정을 관리하는 관서의 관리들이 파주 적성에 유배된 죄인을 가마에 태워서 현감의 제지에도 불구하고 떠났다는 것이다. 언뜻 들으면 내수사 관리들이 왕실의 위엄을 빌려서 행패를 부린 것처럼 보인다. 하지만 보고를 받은 정조는 왈칵 화를 낸다.

> "내수사 관원이 빈 교자를 가지고 가 궁인을 태워온 것이 도대체 무슨 큰일이기에 감사는 잡아두고 길을 막으라고 서둘러 장계하는가. 중략 명령을 받든 행차를 어찌 감히 막는단 말인가. 해당 현감을 잡아다 문초하고 엄중히 처결하라. 이미 명령을 받든 관원으로 하여금 교자의 휘장을 활짝 걷어 올리게 하고 해당 고을 다모를 불러다가 궁비의 모습을 증명해 보이게 하였다. 만약 정말로 안치한 죄인이라면 어찌 이와 같이 의혹을 풀어주는 일이 있었겠는가."
>
> 정조 14년(1790년) 9월 7일자《실록》에서

이처럼 여자와 관련된 사건은 대부분 다모로 하여금 처리하게 했다. 포도청의 경우에 여성 범죄자를 어떻게 처리해야 할지 골머리를 앓았는데, 특히 문제가 되는 것은 사대부 집안에서 벌어진 여성

관련 범죄였다. 이런 문제를 가지고 포도청 관리들이 모여서 대책을 논의하던 중 바로 곁에서 차를 따르던 다모에게 자연스럽게 눈길이 가지 않았나 싶다.

그렇다면 이들은 정말 포도청의 포교들처럼 범죄 현장을 단속하고 범인을 체포하는 역할을 맡았을까? 포도청의 다모 채용 조건에 따르면 키가 5척 이상에 쌀 다섯 말을 번쩍 들 수 있는 힘과 막걸리 세 말을 단숨에 마시는 담력이 있어야 했다. 치마 속에 쇠도리깨를 숨기고 다니다가 대문을 박차고 들어가서 역적의 머리채를 잡아끌고 나왔다는 이야기도 전해진다. 송지양의 〈다모전〉에는 금주령을 어기고 밀주를 담그는 현장을 단속한 다모가 등장한다. 밀주를 담그는 것이 돈을 벌기 위해서가 아니라 병든 남편을 위한 여인의 정성이었음을 안 다모는 처벌하지 않고 돌아선다. 그러고는 밀주를 담그고 있다고 고발한 그녀의 시동생을 만나 뺨을 때리고는 호통을 친다. 하지만 관청의 다모들이 모두 공노비였으며, 여성들을 처리하기 위해 다모를 썼다는 점을 감안하면 이런 모습은 다소 상상력이 가미된 것이 아닌가 싶다.

다모의 또 다른 임무는 사대부의 안방을 감시하는 일이었다. 금남의 공간인 안방은 온갖 소문이 오가는 곳이었다. 여성인 다모는 이곳을 엿볼 수 있는 적임자였다. 아울러 상대적으로 의심을 덜 받는 여성이라는 점도 도움이 됐을 것이다. 본격적으로 형사의 임무를 맡지는 않았지만 포도청의 필요에 의해 차출되어 이런저런 일을 했으며, 그것이 여성의 활약상이 드물던 조선시대에 눈에 띄었던 것으로 보인다. 아마 포도청 군관들이 용의자의 집을 수색할 때 동행해서 남자들이 들어갈 수 없었던 안방을 확인하는 것이 최초의 임무였을 것이다. 그러다가 자연스럽게 다모들에게 다른 여러 가지 임무가 주어졌을 것이다.

여자들을 가두는 것도 문제였다. 정조 17년인 1793년 충청도 청주에서 벌어진 강도사건의 여자 용의자를 군영의 비장청裨將廳, 비장들이 사무를 보는 공간의 다모방에 가두었다는 기록이 있다. 여기에서 알 수 있듯이 여자 용의자들을 가두는 공간으로 다모방이 이용되었다. 다모방에 여자 죄수나 용의자를 가둘 경우 다모가 간수 역할을 맡지 않았나 싶다.

다모 이전의 여형사

다모가 여형사 역할을 맡기 전에는 의녀들이 그 역할을 떠맡았다. 세조 때 예조에서 의녀들에 관해 올린 보고를 보면 흥미로운 사실이 발견된다.

> "의녀는 혜민국 제조가 매월 독서한 것과 일찍이 독서한 바를 강하여 통하고 불통한 것을 확인합니다. 그리하여 매월 우수한 성적을 거둔 3인은 상을 주고, 그 중에 3번 불통한 자는 혜민국

다모로 삼았다가 다시 성적이 올라가면 원래대로 의녀로 삼도록 하소서."

세조 9년(1463년) 5월 22일자 《실록》에서

성종 때에도 성적이 부진한 의녀들을 혜민서 다모로 삼도록 하는 규정이 있는 것으로 봐서는 낙제한 의녀들은 다모로 일해야 했던 것을 알 수 있다. 다모가 의녀보다 낮은 신분이라는 점을 엿볼 수 있는 대목이다.

그렇다면 의녀는 어떻게 여형사 임무를 맡았을까? 다모와 마찬가지로 여성들을 주로 상대했다는 점 때문인 것으로 보인다. 1613년 인목대비의 아버지 김제남을 역모혐의로 처형한 광해군은 대비전의 궁녀들과 영창대군의 유모들이 선조의 정비인 의인왕후의 무덤을 저주했다는 유릉저주 사건에 관여했다는 죄목으로 인목대비를 압박해나간다. 문제는 대비전의 궁녀들을 체포해야 하는데 손쓸 방법이 없다는 것이었다. 이때 영의정 이덕형이 평상시에 사대부의 집에 들어가서 사람을 체포할 경우 의녀들을 동원했다며 이번에도 그녀들을 동원하자고 건의한다. 반색한 광해군은 선전관과 수문장들을 시켜서 대비전을 빈틈없이 봉쇄하고 의녀들을 들여보내 용의자들을 끌어내게 했다. 이 사실을 적은 사관은 어찌 이럴 수 있냐며 분개했다.

중요한 점은 의녀들이 남자들이 드나들기 어려운 곳에 가서 여성

용의자들을 체포하도록 했다는 점이다. 앞서 이덕형의 말과 의녀가 조선 초기부터 존재했다는 점을 염두에 두면 이 같은 일은 일상적이었음을 알 수 있다. 이때 의녀들의 맹활약을 인상 깊게 봤는지 광해군은 다음 해 의녀들에게 또다시 일을 맡긴다. 자신의 형 임해군이 아끼던 기생 환어사를 체포하는 임무였다. 하지만 의녀들은 본래 환자를 돌봐야 했기 때문에 이런 일에 동원해서는 안 된다는 의견이 많았다. 그 밖에도 의녀들의 성격이 변화한 것도 한 가지 이유가 된 것으로 보인다. 연산군은 여자 환자를 돌보는 역할을 하던 의녀들에게 술시중을 들도록 했다. 차츰 의녀들이 술자리에 불려가게 되었고 기생이라는 이미지가 깊게 각인되었다. 따라서 수사 대상자인 여성들이 이들을 기피했을 가능성도 크다. 이런저런 이유 때문에 결국 의녀들의 여형사 노릇은 끝이 나고 이 역할을 다모가 이어받게 되었다.

가볼 만한 곳

창덕궁 빈청

빈청은 고위관리들이 모여서 회의를 하던 일종의 회의실이었다. 창덕궁의 빈청을 따로 꼽은 이유는 이곳이 현재 관람객을 위한 카페로 개조되어 있기 때문이다. 이 때문에 국정감사에서도 문화재 관리를 허술하게 한다는 지적과 비판이 잇따랐다. 그런데 이곳에서 대신들이 회의를 할 때도 분명히 차를 마셨을 것이고, 다모가 시중을 들었을 것이다. 그런 장소가 하필이면 카페로 사용되고 있다니 역사의 묘한 아이러니를 느낄 수 있다. 평일 오후에 찾아가면 제법 조용한 편이다.

경찰박물관

서대문역에서 내려서 정동 사거리를 지나서 직진하면 서울역사박물관에 못 미쳐서 경찰박물관이 있다. 5층 전시실에는 조선시대부터 현재까지의 경찰의 역사와 유물이 전시되어 있다. 근처에 있는 농업박물관, 서울역사박물관과 함께 둘러보는 것도 좋다.

좌우포도청 터 표지석

광화문 일민미술관 앞 화단에는 우포도청 터임을 알리는 표지석이 있다. 우포도청 표지석은 종로 3가역 9번 출구에 있다가 단성사 건너편인 15번 출구 앞으로 옮겨졌다. 우포도청 표지석 바로 옆에 동학의 2대 교주인 해월 최시형의 순교표지석이 나란히 서 있다.

05

시파치時派赤

매 잡는 공무원

매를 놀라게 한 죄

세종 10년1428년 10월 2일.

말을 타고 운종가를 지나던 사헌부 지평 문승조가 앞쪽에서 들려오는 떠들썩한 소리에 눈을 치켜떴다. 스무 명이나 되는 사내들이 혜정교를 지나서 말을 타고 달려오는 게 보였다. 정5품의 품계라서 가마를 타고 다니지는 못했지만 엄연히 관리의 행차였다. 운종가를 지나던 행인들은 모두 옆으로 비켜나거나 피맛골로 돌아갔는데 말을 탄 무리는 아랑곳하지 않고 떠들면서 다가오고 있었다. 눈살을 찌푸린 그는 따르던 대졸臺卒, 하급 관리를 통칭함들에게 말했다.

“저 놈들을 말에서 끌어내려 잡아두어라.”

명을 받든 대졸들이 허겁지겁 달려가서 마주 달려오던 행렬을 막아섰다. 털모자에 짐승가죽으로 만든 반비를 입은 것으로 봐서는 종친이나 권세가에 붙어사는 사냥꾼들 같았다. 아무리 그래도 관리의 행차를 보고도 예의를 차릴 줄 모르다니 따끔하게 혼을 내서 정신을 차리게 만들어야겠다고 속으로 중얼거렸다. 그런 그에게 대졸들이 돌아와서는 난처한 표정으로 말했다.

"응방鷹坊, 매를 사냥하는 관청에 속한 매사냥꾼인 시파치몽골에서 유래된 명칭으로 《실록》에는 응사 혹은 응인이라고도 쓰인다들이라고 하옵니다."

"시파치들이라면 고작해야 잡직 아니냐? 감히 조정의 대관을 보고도 예를 갖추지 않다니 모두 말에서 내리라고 하여라."

입궐에 늦는 한이 있어도 혼쭐을 내주리라 마음먹은 그가 엄하게 말했다. 그러자 대졸들이 어쩔 줄 몰라 했다.

"그, 그것이 지금 명나라에 바칠 조응皂鷹, 매의 한 종류을 받들고 궁으로 가고 있으니 말에서 내릴 수 없다고 하옵니다."

"뭣이라고? 매를 핑계로 허튼 수작들을 하는구나. 당장 끌어내리지 않고 뭣들 하는 것이냐!"

문승조가 버럭 고함을 지르자 대졸들이 다시 응사들에게 다가가서 소매를 잡아당기고는 말에서 내리라고 했다. 그러자 텁석부리 수염을 한 응사가 말 위에서 외쳤다.

"소인은 시파치 전대평이라고 하옵니다. 지금 임금께서 속히 매를 본다고 하셔서 서두르고 있습니다. 살펴주시옵소서."

우렁차게 얘기한 사내는 손에 들고 있던 대나무 조롱을 씌운 천을 걷었다. 그러자 새까만 매 한 마리가 날개를 퍼덕거리는 게 보였다. 며칠 전 도착한 명나라 사신이 요구한 매를 가져오는 모양이었다. 문승조는 위엄 있는 목소리로 말했다.

"무슨 일인지는 잘 알겠다. 허나 나라에는 법도가 있는 법. 말에서 내려서 예를 갖추어라."

그러자 전대평은 불만이 가득한 얼굴로 말에서 내려 구석으로 비켜났다. 원래대로라면 길가의 집에 구금시켜놓고 차후에 의금부에서 조사하도록 해야 했지만 매를 다루는 시파치를 함부로 대할 수는 없었다. 그가 지나가자 매를 가둔 대나무 조롱을 든 전대평이 고개를 숙였다. 그렇게 작은 소동을 뒤로하고 입궐한 문승조가 일과를 시작하려는 찰나, 임금에게 매를 놀라게 했으니 집으로 돌아가라는 청천벽력 같은 소리를 들었다.

공무원이 된 매 사냥꾼

사헌부 지평은 정5품의 하위관직이지만 청요직이라 불리는 요직이다. 가문과 실력, 인품까지 어느 하나 흠집이 없어야 노려볼 수 있는 자리며, 정승이나 판서로 갈 수 있는 자리이기도 하다. 광주목사를 지낸 문계종의 아들인 문승조도 훗날 공조정랑까지 역임했다. 그러니 일개 매사냥꾼 따위가 그 앞에서 말을 타고 지나갈 수는 없는 노릇이었다. 하지만 문책을 당한 것은 문승조였다. 집으로 돌아가라고 했으니까 파직은 아니어도 근신을 명한 것이나 다름없다. 그 이유는 시파치들이 가지고 오던 매를 놀라게 했기 때문이다. 이 사례는 조선 초기에 매와 관련하여 비일비재하게 일어났던 일 중 하나다. 문승조와는 달리 실제로 파직당한 사례도 있다.

조선시대에 매를 놀라게 했다는 이유로 말단관리도 아닌 사헌부 지평이 이런 질책을 받았던 이유는 조선이라는 나라의 특별하고도 괴로운 사정이 있었기 때문이다. 조선과 명나라는 나중에는 둘도 없는 단짝이 되었지만 처음에는 꽤 으르렁거리는 사이였다. 특히 주원장은 조선이 몽골과 손을 잡고 명나라를 공격하지는 않을까 하고 의심했다. 그래서 감당할 수 없을 정도의 조공과 무리한 요구들을 끊임없이 요구하여 시험하려고 했다.

주원장이 죽고 나서 조선은 한숨 돌릴 수 있었지만 여전히 여파는 남아 있었다. 명나라가 조선에 요구한 것은 말과 처녀, 그리고 매였다. 황제의 첩으로 바칠 여인을 고르기 위해 임금이 직접 경회루에서 후보들을 골라야 했고, 말을 바치기 위해서 전국의 목장들을 탈탈 털어야만 했다. 처녀와 말은 그나마 땅을 딛고 있는 존재라서 어떻게든 조달이 가능했지만 하늘을 날아다니는 매는 전혀 얘기가 달랐다. 허공을 날아다니는 매는 사람을 쓴다고 마음대로 잡을 수 있는 것도 아니었고, 현상금이나 포상금을 많이 건다고 해도 손에 넣을 수 있는 게 아니었기 때문이다. 따라서 명나라에서 사신이

올 때마다 임금과 신하들은 이번에는 매를 얼마나 바치라고 할지 걱정부터 했다.

명나라가 요구한 매의 수량도 문제였다. 사신들이 개인적으로 요구한 것도 맞춰줘야 했기 때문이다. 거기다 사람 손을 타도 놀라지 않게 매를 길들여야 하는 과정도 거쳐야 했다. 결국 매를 잡기 위해 특단의 대책을 세워야 했는데 이 와중에 온갖 웃지못할 일들이 벌어졌다. 조정에서는 매의 생김새를 배포하여 잡아오면 막대한 포상을 내리겠다고 약속했다. 심지어 자살을 해도 피해갈 수 없던 북방으로의 이주도 면제해주었다. 이 와중에 매를 잡고 길들이던 조직과 전문가가 등장했다.

매와 관련된 관청인 응방은 고려 때부터 존재했다. 하지만 혁파와 존속을 거듭하던 중 1395년, 그러니까 조선이 건국된 지 4년째 새롭게 태어났다. 전형적인 무인이었던 태조 이성계가 매사냥을 즐겨 했기 때문이다. 태조가 응방이 있는 한강을 자주 드나들자 나랏일을 소홀히 한다는 신하들의 따끔한 얘기를 듣기도 했다. 이 때문인지 이성계는 매를 잡는 시파치들의 숫자를 열여섯 명으로 제한했다. 하지만 명나라에서 매를 바치라는 요구가 본격화되면서 차츰 숫자가 늘어났다. 덕분에 매를 잡고 길들이는 시파치들의 주가가 하늘 높은 줄 모르고 올라갔다.

태조 이성계가 열여섯 명으로 제한했던 시파치는 곧 아흔 명으로 늘어났다. 임금의 말과 수레를 관리하던 사복시 관할하에 있던 시파치들은 세 개 조, 즉 3패로 나뉘어 번갈아가면서 번상, 다시 말해 매를 잡는 일에 동원되었다. 삼패응사라고 불린 이들은 응방 패두라고 불린 종3품의 사복시부정 지백안 등 세 명이 관리했다. 이들의 임무는 매를 잡아서 길들이는 것이었다. 따라서 매가 있는 곳이라면 어디든 가야 했고, 인력과 물자를 마음껏 징발할 수 있는 권한도 주어졌다. 이들은 모두 응패라는 일종의 신분증을 가지고 다녔는데 암행어사의 마패까지는 아니어도 상당한 위세를 떨칠 수 있었다.

> "병조에서 아뢰기를 '응사 90명을 3패로 나누고, 1패를 30명으로 하여 체아직遞兒職, 교대로 근무하면서 녹봉을 받는 관직을 주고 있사온데 중략 사람은 많고 직위는 적습니다. 그러니 1패마다 대장과 대부 등 6개의 체아직을 늘리고 90명을 2개의 번으로 나누어 그 공로의 순위를 정하여 서로 갈아 가면서 직임을 주도록 하소서' 하니 그대로 따랐다."

세종 12년(1430년) 7월 2일자 《실록》에서

환관이나 기타 기술직 관료들의 승진이나 확대라면 물불을 가리지 않고 반대하던 문관들이 드물게 응방의 확대를 주청한 경우다. 그만큼 매를 필요로 했기 때문이다.

이 시대에 매를 잡는 방법은 지나가는 길목에 덫이나 그물을 쳐 놓고 무작정 기다리는 것뿐이었다. 매를 잡는 도구들은 각 고을의 아전들이 준비해야 했는데 결국은 애꿎은 백성들에게 닦달했을 것이다. 매를 잡으면 임금에게 옷을 비롯해서 여러 가지 상을 받았고 기껏 붙잡은 매를 다치거나 병들게 하면 엄한 추궁이 뒤따랐다. 그래도 군역을 면제받고, 체아직을 받으면 잠깐이라도 녹봉을 받을 수 있으니 꽤 매력적인 직업이었다. 따라서 많은 이들이 시파치가 되기 위해 몰려들었지만 매사냥은커녕 매를 처음 본 자들이 하나둘이 아니었다. 허둥거리기 일쑤였고, 임금을 모신다는 명목으로 허세를 부리는 바람에 관리들의 눈총을 받았다. 결국 세종 2년인 1420년에 혁파되면서 수백 호가 풀려났는데 이성계의 고향인 함길도의 시파치 216호는 그대로 유지되었다. 아마 이들처럼 지방의 시파치들이 번갈아가면서 한양에 올라와 매를 잡거나 길들였던 것으로 보인다. 이들에 관한 개인적인 기록은 없지만 군역을 피하기 위해 들어온 이들을 제외하면 대부분 매를 전문으로 잡던 사냥꾼들이 아니었나 싶다.

응방 중의 응방

고려 제일의 무장이었던 이성계의 피를 이어받은 이방원과 그 후손들은 매사냥을 상당히 즐겼다. 따라서 군사훈련에도 늘 매를 데리고 다녔고, 시파치들도 호종을 했다. 내응방은 명나라에 바쳐야 할 매 말고도 임금이 매사냥에 써야 할 매도 별도로 잡아서 관리하는 곳이었다. 문종은 내응방을 좌우응방으로 확대시키는 문제로 신하들과 갈등이 벌이기도 했다. 신하들은 나랏일을 돌보는 대신 매사냥에 빠져들까 경계했지만 문종은 염려 말라며 큰소리를 쳤다. 하지만 만기萬機라고 불릴 정도로 엄청난 양의 업무에 시달렸던 임금들은 가끔 바람을 쐬면서 매사냥을 즐기고 싶어 했다.

그러나 시간이 흘러 명나라에서 매를 바치라는 요구가 줄어들자 매와 매사냥은 공공의 적이 되고 말았다. 대신들은 백성을 괴롭히고 나랏일을 소홀하게 만드는 매사냥을 중지하라고 거듭 간언했다. 그러면서 자연스럽게 매를 앞세워 위세를 떨치던 시파치들의 힘이 약해지면서 차츰 노역에 동원되기도 했다. 그러다 임진왜란과 병자호란을 거치면서 새로운 의무가 주어졌다. 바로 매를 이용해서 꿩을 잡아다 바치는 것이었다. 주로 공주를 비롯한 종친들에게 공급해야 했는데 바치는 양이 만만치 않아 다들 고통스러워했다는 기록이 남아 있다. 한때는 관리들 앞에서도 당당하고 누구나 선망하던 시파치들이 이제는 천하고 힘든 직업으로 변해버린 것이다.

공녀 선발대회

매에 관련된 소동들은 코미디라고 할 수 있지만 또 다른 공물인 처녀에 관해서는 절대 웃을 수가 없다. 명나라에서는 황제의 후궁에 뽑을 여인들을 요구했고, 그때마다 조선에서는 결혼금지령을 내리고 관리들을 보내서 적임자를 뽑았다. 이것 때문에 조혼 풍습이 나왔다고 할 정도로 당사자와 가족에게는 큰 고통이었다. 하지만 임금과 대신들은 매를 바치는 것보다는 수월하게 후보들을 뽑고 검사했다.

임금과 중궁은 한양과 지방에서 선발된 여인들을 궁궐로 불러와 선발했는데 간혹 명나라 사신이 직접 참가하기도 했다. 큰 인기와 부를 누릴 수 있는 미인대회와는 달리 뽑히면 가족과 생이별을 해야 하는 지옥의 선발대회였다. 따라서 뽑혀온 처녀들은 침을 질질 흘리거나 병이 든 것처럼 꾸몄다. 처녀들의 이런 모습을 본 명나라 사신은 임금을 윽박지르거나 화를 내기도 했다. 《실록》에 나와 있는 대부분의 관련 기록들은 어디에서 몇 명을 뽑아서 보냈다는 식으로 지극히 단편적이다. 하지만 세종 9년인 1427년 7월 18일자 《실록》에는 그녀들의 슬픔을 엿볼 수 있는 기사가 남아 있다.

> "중궁이 경회루에 나가서 처녀 7인을 불러보고 전별연을 베풀었다. 처녀의 어머니와 친족들도 또한 연회에 참여했는데 처녀들을 따라갈 노비들은 경회루 아래에서 음식을 먹었다. 밤에 날씨가 맑고 고요한데 슬피 우는 소리가 밖에까지 들리니, 이를 듣고 슬퍼하지 않는 이가 없었다."

가볼 만한 곳

경회루

경복궁의 누각인 경회루는 임금이 연회를 베풀거나 무사들의 활쏘기를 구경하는 용도로 쓰였다. 하지만 공녀들이 명나라로 떠나기 전 전별연이 열리는 장소이기도 했다.

매봉산

서울시 성동구에 위치한 매봉산은 해발 236미터로 응봉산이라고도 불린다. 임금이 사냥할 때 이곳에서 매를 놓아 꿩을 잡았다고 해서 붙여진 이름이다.

06

오작인作作人

죽음을 만지다

죽은 자의 이야기를 듣다

성종 19년1488년 5월 20일, 한양.

박한주는 아전들을 대동하고 한성부한양을 관할하는 관청의 으슥한 뒤뜰로 향했다. 구군복 차림의 한성부 참관 박한주를 필두로 중치막 차림의 의생과 율생, 그리고 하급 서리 몇 명이 그의 뒤를 따랐다. 오늘 수구문 밖에서 발견된 젊은 여인의 시신을 검시하러 가는 길이었다. 본래 검시에는 죽은 자의 가족이나 친척들이 참석했지만 이번 사건은 죽은 여인의 신원이 밝혀지지 않았기 때문에 아무도 없었다.

뒤뜰 한복판에는 돗자리 위에 놓인 시신이 보였다. 거적으로 덮여 있는 시신의 두 발과 헝클어진 머리카락만 밖으로 빠져나온 상태였다. 오작인 곽가가 박한주를 보고 고개를 숙였다. 박한주가 턱으로 거적을 가리켰다.

"저 시신이냐?"

"그렇사옵니다."

곽가가 공손하게 대답하자 박한주는 전각의 처마 아래 놓인 의자에 앉았다. 섬돌에는 하급 서리 한 명이 엎드려 책을 펼치고 붓을 들었다. 다들 자리를 잡은 것을 확인하고 나서 박한주가 지시를 내렸다.

"그럼 건험乾驗, 법물을 사용하지 않고 눈으로 검시하는 것을 시작하여라."

바지저고리 차림의 곽가는 작은 종지에 담긴 진마유眞麻油를 찍어 콧구멍 주변에 바르고는 한 손으로 거적을 걷어냈다. 시신이 썩어가는 악취가 훅 풍겨왔다. 박한주는 저도 모르게 손으로 부채질을 하면서 얼굴로 날아드는 악취를 몰아냈다. 수구문 밖 길거리에 시신이 버려져 있다는 보고를 받은 그는 즉시 오작인들을 보내서 시신을 거두어왔다. 비록 성문 밖이라고 하지만 한양 주변 10리까지는 한성부 관할이었기 때문이다.

날이 풀리면서 수구문 밖에서는 종종 시신이 발견되었다. 대개는 병들어 죽은 노비를 묻기 귀찮아 주인이 내다버렸거나 귀후서歸厚署에서 관을 살 돈이 없는 가난뱅이들이 죽은 가족을 버리는 경우였다. 하지만 이번에 발견된 시신은 한눈에 봐도 피살된 흔적이 역력

했다. 머리는 심하게 깨져 있었고, 몸에는 칼에 찔리고 베인 흔적으로 가득했다. 보고를 받은 임금은 당장 의금부와 형조, 그리고 한성부가 함께 이 사건을 조사하라고 지시했다.

박한주가 이런저런 생각을 하는 사이 곽가는 시신의 키를 눈짐작으로 불러주고는 능숙한 손놀림으로 시신의 옷을 벗겼다. 그가 벗겨낸 옷가지의 이름을 얘기하자 서리가 붓을 놀려서 종이에 적었다. 곽가는 작은 칼로 치마저고리를 찢어서 시신의 머리맡에 잘 접어놓은 다음 바가지에 담긴 물을 부어 시신을 씻어냈다. 그는 알몸의 시신을 이리저리 살펴본 다음 굵은 목소리로 말했다.

"나이는 스무 살이 채 안 된 것 같습니다. 이마가 크게 깨져 있고 코도 왼쪽으로 부러져 있습니다. 아마 이마를 몽둥이나 돌로 맞았든지 아니면 높은 곳에서 떨어져 그런 것으로 보입니다."

서리가 곽가의 말을 받아 적는 것을 곁눈질로 바라본 박한주가 말했다.

"몸의 상처를 살펴보아라."

그러자 바닥에 놓인 작은 작대기를 집어든 곽가가 시신의 몸에 난 상처들의 넓이를 재서 불러줬다.

"오른쪽 어깨에 비스듬하게 베인 흔적이 있습니다. 길이는 두 치 남짓이고 깊이는……."

얘기를 멈춘 곽가가 손가락으로 상처 부위를 꾹 눌렀다. 그러자 상처에서 검붉은 핏물이 쭉 흘러나왔다.

"속살에 피가 배어 있고, 누를 때 피가 나오는 걸 보면 죽기 전에 생긴 상처가 분명합니다."

얘기를 마친 오작인이 작대기를 고쳐 잡고 시신의 상처 속으로 쑤셔 넣는 것을 본 박한주는 하마터면 구역질을 할 뻔했다. 중간에 뭐가 걸렸는지 얼굴을 찡그린 곽가가 작대기를 힘껏 쑤셔 넣었다가 뽑아들었다. 그리고 묻어나온 핏물을 살펴보고는 입을 열었다.

"두 치 반입니다. 상처가 넓고 깊은 걸 보면 칼에 의해서 난 상처로 보입니다."

그런 식으로 곽가는 온몸에 난 상처들의 깊이와 넓이를 일일이 확인한 다음에 불러줬다. 스무 군데가 넘는 상처들은 모두 칼에 의해 난 상처였다. 상처를 살핀 곽가는 히죽 웃으면서 말했다.

"몸에 크고 작은 상처들이 많지만 개중에서 왼쪽 젖가슴을 비스듬하게 베인 것과 머리에 난 상처가 치명상인 것 같사옵니다."

얘기를 들은 박한주는 얼굴을 찡그렸다. 구역질을 참을 수 없어 일어나고 싶었지만 임금께서 관심을 보인 일이니 검시장식檢屍狀式, 시신의 상태를 일목요연하게 정리해놓은 보고서을 제대로 써야만 했다.

조선시대의 시신 검시

죽은 자는 말이 없다지만 때로는 죽음에 얽힌 사연을 밝혀야 할 때도 있다. 자연사가 아닐 경우에 특히 그렇다. 몇 년 전 국내에 방

영되었던 미국 드라마 〈CSI〉는 시신을 부검해서 사인을 밝혀내는 과정을 보여줘 시청자의 눈길을 끌었다. 오늘날에는 드라마처럼 극적이지는 않다고 해도 사인이 불분명한 경우에 부검을 한다. 이런 상황은 조선시대에도 마찬가지였다. 그렇다면 신체발부수지부모身體髮膚受之父母라고 해서 부모가 물려준 신체를 잘 보존하는 것이 효도의 첫걸음이었던 조선시대에 시신 검시는 어떻게 가능했을까?

조선시대에는 요즘처럼 CCTV나 DNA 검사가 없었으므로 더더욱 시신을 살펴보는 일이 중요할 수밖에 없었다. 이 일에 가장 열성적으로 뛰어들었던 임금은 역시 세종이다. 세종은 원나라의 왕여가 쓴 법의학서《무원록》을 간행했고, 나아가 이것을 쉽게 풀어낸《신주무원록》도 펴냈다. 이 책에는 타살당한 시신의 검시 방법과 절차에 대해 자세하게 기록되어 있다. 아울러 세종은 검시장식이라는 보고서 양식을 만들어서 일률적으로 정리할 수 있도록 했다.

검시는 기본 원칙상 초검과 복검, 두 번 했으며 담당 관리를 매번 바꿔 최대한 공정성과 객관성을 유지했다. 아울러 초검과 복검을 통해서도 죽은 원인이 밝혀지지 않을 경우 추가로 검시했다. 지금처럼 부검을 하지는 않았지만 법물法物, 즉 각종 도구와 물품들을 이용해서 최대한 사인을 밝혀내려고 했다.

시신을 살펴보는 일은 담당 관리의 주관하에 응참각인이라고 불리는 실무자들이 맡았다. 구성원을 살펴보면 우선 의학과 법률에 대해 조언하는, 의율이라 불리는 의생과 율생이 있었다. 심부름을 하거나 경비를 서는 항인과 기록을 맡은 아전도 함께했다. 그리고 검시의 중심에 시신과 대화하는 자, 오작인이 있었다.

죽은 자의 이야기를 들어야 한다는 점에서 오작인의 역할은 실로 막중했다. 담당 관리나 아전들은 대개 시신을 보는 것조차 겁을 내어 담장 밖에 서서 오작인이 불러주는 대로 확인도 안 하고 쓰는 경우가 많았다. 단순히 눈으로 보고 얘기하는 정도라고 생각하면 착각이다. 《신주무원록新註無寃錄》 번역본을 보면 조선시대라고는 믿기지 않을 만큼 과학적이고 획기적이면서도 창의적인 방법들이 담겨 있다. 예를 들어 시신의 상흔을 확인하기 위해 술지게미와 초를 발라둔다든지 상처의 길이와 모양을 통해 흉기를 추정해내는 방식들은 꽤 합리적이다. 아울러 목을 매서 자살한 경우 올가미의 흔적으로 자살인지 아니면 자살로 위장한 타살인지를 구분해냈다. 그리고 검시를 진행하면서 죽은 당시의 정황을 담은 목격담을 듣기도 하고 참여한 사람들의 서명을 받았다. 이런 절차와 문서들은 현대와 비교해도 손색이 없다.

오작인의 운명 혹은 악명

시신 발견 장소가 한양이면 한성부에서 검시했지만 지방에서는 관청에서 현장으로 출장을 나가 검시했다. 이때 오작인도 검시에 필요한 법물들을 가지고 반드시 동행했다. 지금도 그렇지만 조선시대에도 시신을 살피고 만지는 것은 썩 내키는 일은 아니었다. 따라서 가장 미천한 자에게 그 역할이 주어졌다. 그 때문인지는 몰라도 조선시대 오작인에 관한 기록은 대부분 단편적이거나 부정적이다.

세조 35년인 1465년, 《실록》에는 공신인 봉석주가 역모 혐의로 처형당하는 내용이 나온다. 세조는 봉석주의 여러 가지 죄악에 대해서 언급하는데 그 중 하나가 바로 동서활인원에 소속된 오작인에게 돈을 주고 시신에서 벗겨낸 옷을 받아내서 손을 본 다음 팔았다는 것이다. 조선시대에는 의복이 귀해 죽은 자의 옷이라고 해도 함부로 버리거나 처리하지 않았다. 따라서 봉석주는 엄연히 월권 행위를 저질렀던 것이다.

연산군 시절에 오작인은 끔찍한 아르바이트도 했다. 연산군은 삼천궁녀를 거느렸던 의자왕이 부러웠는지 전국의 기생들을 한양의 장악원으로 불러들였다. 이들에게는 운평이라는 명칭이 붙었는데 그 중 미모가 뛰어나 궁궐에 드나드는 기생들을 흥청이라고 불렀다. '흥청망청'의 어원이 된 이 흥청들은 그나마 임금의 얼굴을 볼 수 있었지만, 운평 중에는 임금의 그림자조차 보지 못한 이들이 수두룩했다. 거기다 지방에서 징발될 때 이미 남편이 있거나 혹은 정을 통하는 남자가 있어서 임신하기도 했고, 한양에 올라와서 다른 남자와 눈이 맞기도 했다. 지금처럼 피임이나 임신중절이란 것이 없던 시절이라 속절없이 아이를 낳을 수밖에 없었다.

이 사실을 보고받은 연산군은 끔찍한 명령을 내렸다. 자신을 두고 바람난 두 사람을 처벌하는 것은 물론 태어난 아이는 산 채로 묻어버린 것이다. 여기서 아이를 묻은 것이 다름 아닌 오작인들이었다. 연산군이 폐위된 이후에도 오작인의 악명은 쉽게 사라지지 않았다.

성종 7년인 1512년 1월, 한성부 판윤 안윤덕 등이 임금에게 충격적인 사건을 보고했다. 전의감동에 사는 한 여인이 오작인을 시켜 병든 어머니의 머리를 때려서 수구문 밖에 버렸는데 머리를 맞고 실신했던 어머니가 나흘 뒤에 다시 깨어나 종루 아래 와서 누워 있다가 발견된 것이었다. 충과 효를 최고의 덕목으로 삼았던 조선시대에 있을 수 없는 일이었다. 당장 돌덕이라는 여인과 그녀의 남편 논송이 끌려와 엄하게 심문을 당했다. 사정을 들어보니 돌덕은 오랫동안 병을 앓고 있던 어머니를 수구문 밖에 버리기 위해 오작인에게 면포 두 필을 건넸다. 하지만 오작인이 살아 있다면서 난색을 표하자 거짓말로 수구문 밖에 따로 모셔두고 병을 치료할 것이라고 속여서 운반시켰다는 것이다. 조사관들은 부모를 버리기로 작정했는데 옮기기가 귀찮아서 면포를 두 필이나 주고 오작인들에게 옮겨달라고 시켰을 리 없다고 의심했다. 실제로 돌덕의 어머니였던 동가는 딸과 사위와 함께 있던 낯선 남자 둘이 자신의 머리를 때렸다고 진술했다. 이후 진술을 번복했는데 아마도 딸을 보호하기 위해서였을 것이다.

시신을 검시하던 오작인이 살인도 했던 것일까? 이 일로 한양의 오작인 모두가 조사를 받았지만 누구 소행인지는 밝혀지지 않았다. 애초에 동가를 죽이려 했던 사내가 오작인이 아닐 수도 있다. 그러나 임금부터 조사관까지 모두 그 얘기를 받아들였다는 것은 오작인이라면 그런 짓을 할 만하다라고 생각하고 있었기 때문일 것이다.

명종 때는 흉년이 들어 도성 안팎에 굶주리고 병들어 죽은 사람들이 무더기로 버려지는 일이 벌어졌다. 그러자 책임을 추궁당할까 두려웠던 관리들이 오작인들을 시켜 시신을 쌓고 불을 질러서 태워 버렸다. 시신이 타는 냄새가 온 도성에 퍼지면서 한성부에서 나서서 오작인들을 무더기로 체포했다.

시신을 검시한다고 해서 손가락질을 받는데 이런 일까지 떠맡았으니 좋은 대접을 받기는 힘들었을 것이다.《신주무원록》에도 간교한 오작인들이 뇌물을 받고 사인을 엉뚱하게 둘러대는 경우가 많다면서 관리들이 주의해서 지켜보라고 적혀 있는 걸 보면 당시 오작인은 그다지 신뢰받지 못했다는 것을 알 수 있다. 아니면 애초부터 손가락질을 받던 사람들이 검시까지 떠맡았든지 말이다.

그렇다면 오작인의 신분은 어땠고, 누가 이 일을 맡았을까? 오작인의 잔혹함과 무자비함에 혀를 내둘렀던 사관들은 정작 이들의 신분에 대해서는 관심이 별로 없었다. 대략 관청에 소속된 아전이나 공노비가 아닐까 추측할 수 있다. 하지만 성종 때 흉년을 이유로 긴축재정을 시행하면서 동서활인서에 소속된 간사승과 오작인들에게 주는 요料를 몇 달 동안 주지 않도록 했다. 만약 오작인들이 공노비였다면 요를 주지는 않았을 것이다. 또한 병조참지 최호원이 아내가 있는 중에게 오작인의 임무를 맡겨서 시신을 거두어 묻도록 하자고 성종에게 아뢴 것을 보면 오작인들이 매골승들과 함께 시신을 묻는 일을 했던 것으로 추정된다. 아내가 있는 승려라면 파계승이니까 사회적으로 손가락질을 받기는 했지만 어쨌든 천민은 아니었다. 거기다 조선 후기 들어서는 오작사령이라는 말이 빈번하게 쓰였는데, 여기서 사령은 관청에 딸린 심부름꾼을 뜻하는 것으로 노비와는 구분이 되었다. 사령은 문졸, 나장 등으로 불렸는데 주로 관청의 문이나 감옥을 지키거나 죄인에게 곤장을 때리는 일이었다. 모두 제일 귀찮고 힘든 일이었기 때문에 좋은 신분의 아전이 할 일은 아니었다.

거기다 정약용은 《목민심서》에는 이들을 근본이 없는 무리라고 혹평을 하면서 이들이 어떤 행패를 부리는지 종류별로 열거해놓기까지 했다. 그렇다면 시신을 만지는 징그럽고 귀찮은 일이 자연스럽게 이들에게 주어졌다고 추측할 수 있다. 죽음을 밝혀내는 데 가장 중요한 일을 맡았지만 정작 당사자들은 하찮은 대접을 받았던 것이다.

또 다른 고통

가족의 갑작스러운 죽음 앞에 남은 자들은 큰 슬픔에 젖을 수밖에 없다. 검시를 통해 사인을 밝혀내고 범인을 잡는다 해도 마찬가지다. 엎친 데 덮친 격으로 그 사인을 밝혀내는 일 역시 가족들에게는 고통인 경우가 많다. 지방의 경우 살인사건이 벌어지면 수령이 현장에서 검시하는 것을 원칙으로 했다. 따라서 번거롭게 수령이 행차하고, 검시를 담당할 오작인과 서리들이 마을에 들이닥쳐 행패를 부리는 일도 자주 발생했다. 이에 따라 살인이 벌어져도 이웃들이 나서서 가해자가 피해자에게 보상을 해주고 넘어가게 하는 일이 자주 벌어졌다.

최근 들어 책이나 드라마를 통해 조선시대의 과학적 검시 방법들이 소개되면서 찬사를 자아내고 있다. 현대인의 눈으로 봐도 놀라운 방법들에 감탄을 하며, 그런 검시 방법으로 조선시대에 있었던 살인사건들이 많이 해결되었을 것으로 생각한다. 하지만 오작인의 사례에서 볼 수 있듯 시스템이 제대로 구축된 것과 그것이 잘 돌아가는 것은 별개 문제였다. 시신을 직접 살피고 사인을 밝혀내야 하는 오작인들에 대한 형편없는 사회적 대우를 보면 조선이라는 나라가 가진 근본적인 한계를 엿볼 수 있다. 이렇게 밑바닥 인생을 살아가던 오작인들은 다른 조선의 직업들처럼 근대화의 물결 속에서 사라져갔다.

가볼 만한 곳

규장각

서울대학교에 있으며 《조선왕조실록》과 《경국대전》을 비롯한 국보급의 각종 고서들이 보관되어 있다. 아울러 고서적의 번역과 출판 등도 하고 있다. 특히 이곳에는 조선시대의 법의학서라고 할 수 있는 《신주무원록》이 보관되어 있기도 하다. 학생뿐만 아니라 일반인도 자유롭게 자료실을 이용할 수 있으며, 홈페이지를 통해서 볼 수도 있다. 그 밖에도 각종 전시가 열리고 있다. 공휴일은 문을 닫는다.

07

숙수熟手

대장금은 가라

남자 대장금

선조 38년1605년 4월 9일.

아침부터 예조의 공관인 공해에 때 아닌 사람들로 북적거렸다. 정2품 이상의 관리만 탈 수 있는 외바퀴 가마인 초헌들이 하나둘 도착하고, 안장을 얹은 말에 탄 관리들도 모습을 드러냈다. 솟을대문행랑채의 지붕보다 높이 솟게 지은 대문을 문졸들이 엄하게 지키고 있어서 행인들은 웅성대면서 쳐다보기만 할 뿐 안으로 들어가지 못했다. 가마를 매고 온 가마꾼들은 초헌에서 내려올 때 쓰는 발판을 의자 삼아 지친 다리를 쉬었다.

뒤이어 부인들을 태운 가마가 도착했다. 뜰 한쪽에 쳐놓은 큰 천막에는 연회에 참석하지 못한 사람들이 자리를 잡았다. 주로 갓을 쓰고 도포를 입은 선비들로 재상들을 모시고 온 아들이나 조카들이었다. 자리를 잡고 앉은 손님들이 가져온 부채로 더위를 식히는 사이 관청의 여자 노비들이 바쁘게 술과 음식이 담긴 상을 하나씩 가져다놨다. 안쪽에는 더 큰 천막이 세워져 있는데 한쪽에는 늙은 부인들이 앉아 있었고, 반대편에는 관복을 차려입은 관리들이 앉아 있었다.

악공들이 음악을 연주하고 무동들이 춤을 추면서 분위기를 돋웠다. 관리들이 일어나 맞은편에 앉은 늙은 부인에게 술잔을 바치고 절을 했다. 이렇게 안팎으로 잔치가 벌어지는 와중에 구석에 차려진 조찬소造饌所, 잔치가 열렸을 때 임시로 만든 부엌는 정신없이 돌아가고 있었다. 나무로 기둥을 세우고 짚으로 벽과 지붕을 엮은 조찬소 안에서는 줄지어 놓인 상 위로 바쁘게 음식들이 놓였다.

바로 밖에서는 큰 돌에 괴어놓고 연기가 나지 않게 숯으로 불을 때면서 무쇠솥에서 밥과 국을 만들고 있었다. 소매를 바짝 걷고 붉은색 고깔을 쓴 사내들이 바쁘게 오가면서 음식을 만들었다. 솥 뒤에 놓인 커다란 널빤지로 만든 탁자에 방금 솥에서 꺼낸 삶은 고기들이 김을 펄펄 내고 있다. 숫돌로 갈아놓은 큰 칼을 쥔 별사옹別司饔, 사옹원에서 육류를 담당하는 조리사이 신중한 표정으로 고기를 잘라냈다. 커다란 솥뚜껑을 조심스럽게 들어올린 반공飯工, 사옹원에서 밥을 담당하던 조리사이 솥 안에서 익어가는 밥을 내려다봤다. 옆에서 지켜보던 반감飯監, 사옹원의 재부를 달리 이르던 말이 물었다.

"어떠하냐?"

"조금만 뜸을 들이면 될 듯합니다."

고개를 조아린 반공의 대답을 들은 반감은 고기를 자르고 있던 별사옹에게도 잔소리를 했다.

"나이가 많으신 노부인 마님들이 드셔야 한다고 하지 않았느냐. 좀 더 잘게 자르거라."

"알겠습니다."

칼을 고쳐 잡은 별사옹이 고기를 더 잘게 잘라 접시에 담았다. 반감은 고개를 돌려 한창 잔치가 열리는 천막 쪽을 바라봤다. 아들이 술을 올리고 난 뒤 이번에는 부인들이 술을 올렸다. 70세 이상 된 노모를 모시고 있는 열세 명의 재상들이 모여서 만든 봉로계에서 여는 잔치였다. 엄밀히 얘기하면 왕실의 음식을 책임지는 사옹원에서 할 일은 아니지만 임금의 특별한 지시로 사옹원에서 잔치에 필요한 물품과 인원을 책임지도록 했다. 덕분에 반감들은 궁궐 밖에 조찬소를 차리는 일부터 음식을 내는 것까지 바짝 긴장한 채 일을 해야만 했다. 하지만 이제 잔치가 끝날 기미가 보였다. 남몰래 한숨을 쉰 반감은 조찬소 쪽에서 들려온 날카로운 굉음에 정신이 번쩍 들었다. 항아리에 든 술을 국자로 퍼서 주전자에 담던 주색酒色, 사옹원에서 술을 담당하던 조리사이 주전자를 떨어뜨린 것이다. 바닥에 떨어진 주전자가 깨지면서 제법 큰 소리가 났지만 악공들이 연주하는 음악소리와 때마침 터진 웃음소리 덕분에 들키지 않았다. 반감이 눈을 부라리면서 호통을 쳤다.

"얼른 치우지 못해!"

주색이 황급히 깨진 주전자를 챙겨서 조찬소 뒤로 사라졌다.

요리는 남자가 책임진다

1605년 삼청동 예조의 공관에서 열린 연회를 재구성한 이 이야기는 실제로 〈선묘조제재경수연도宣廟朝諸宰慶壽宴圖〉라는 다섯 장의 그림으로 남아 있는데 거의 디지털카메라로 찍은 수준으로 현장을 생생하게 보여주고 있다. 이 경수연이 열리기 2년 전인 1603년 예조참의 이거는 어머니가 100세가 된 것을 기념하기 위해 잔치를 열었다. 그리고 이 일을 계기로 70세 이상의 노모를 모시고 있는 고위관리들이 봉로계라는 계를 조직했다. 이들은 이거의 어머니를 비롯한 자신들의 어머니를 모시고 1605년 4월에 잔치를 열었고, 선조는 사옹원으로 하여금 음식을 준비하도록 했다. 요즘으로 치면 청와대 요리사들이 출장뷔페를 차린 셈이다.

임진왜란이 끝난 지 얼마 되지 않은 때라 잔치를 연다는 것이 상당히 부담스러웠겠지만 충효의 나라 조선에서 노모를 위한다는 명분은 그 모든 어려움을 없애주었다. 그림뿐 아니라 배경설명까지 상세하게 남아 있는 덕분에 이 그림은 텔레비전 방송 프로그램을 비롯해 여러 곳에서 다뤄졌다. 특히 조찬소와 음식을 만드는 장면이 그대로 담겨 있어 음식사 전공자에게는 축복이나 다름없다.

2003년 방영된 드라마 〈대장금〉은 국내 시청자뿐 아니라 세계 여러 나라에 소개돼 많은 사랑을 받으면서 한류의 물꼬를 튼 작품이 되었다. 그런데 이 드라마 때문인지 몰라도 오늘날 우리는 조선시대의 궁중 조리사라면 당연히 여자일 것이라는 선입견을 가지고 있다. 여기에 남자가 부엌에 드나들면 안 된다는 옛 기억까지 엉켜버리면서 사람들 대부분은 궁궐의 조리사들이 남자였다는 사실을 망각해버렸다. 〈대장금〉 이후에 나온 사극들도 궁중의 수라간에서는 전부 여성들이 일하는 것처럼 묘사하고 있다. 물론 왕과 왕비의 일상적인 식사는 주방 상궁과 소주방이 책임졌다. 따라서 궁중의 조리사들이 모두 남자라는 것도 정확하게 얘기하면 사실이 아니다. 다만 궁궐에서는 늘 제사나 연회가 열렸는데 이때 음식을 책임진 것은 사옹원의 반감과 각색장 같은 주방장들과 그 밑에서 일하는 숙수들이었다.

따지고 보면 에드워드 권을 시작으로 레오 강 같이 지금 우리가 알고 있는 대부분의 요리사도 남자다. 조선시대에도 궁궐의 음식을 만드는 수라간 역시 사옹원에 속한 남자 조리사들이 맡았다. 종6품의 재부는 왕이 있는 대전과 왕비전의 음식을 책임지는 반감이었으며 정원은 한 명이었다. 종7품의 선부는 문소전이라고 불리는 궁궐 안 사당의 제사상과 왕을 모시는 환관들의 음식을 맡은 반감이며 역시 정원은 한 명이었다. 종8품의 조부는 두 명이 임명되었는데 그 중 한 명은 대전 수라간의 각색장과 왕비를 모시는 환관들의 음식을 책임지는 반감을 겸직했다. 다른 한 명은 세자와 세자빈의 음식을 책임지는 반감을 겸했다. 그 밑으로도 정9품 임부 두 명과 종9품 팽부 일곱 명이 각각 맡은 바 일을 했다.

여기서 '책임진다'는 말은 반감, 즉 총주방장을 의미하며 '도와준다'는 것은 각색장을 지칭하는데 주방장 정도로 이해하면 될 듯하다. 지금이야 청와대나 총리 공관의 조리실에서 일한다고 공무원이 될 일은 없지만 모든 것이 품계로 결정되던 조선시대에는 조리사들에게도 품계가 주어졌다. 《경국대전》에서 규정을 찾아보면 반감과 각색장은 2개 조로 나뉘어 교대로 근무했으며 일한 지 900일이 넘으면 품계를 올려주는데 종6품까지가 한계였다. 각색장 역시 2,700일을 근무하면 종8품까지 품계를 올려줬다.

이들 위에는 정1품 관리가 겸직하는 제조를 비롯해서 도제조와 주부와 참봉 같은 관료들이 있었다. 하지만 실질적으로 음식을 준비하고 바치는 일을 책임진 것은 잡직 관료들인 반감과 각색장들이었다.

총주방장과 주방장이 있으면 그 밑으로는 조리사들이 있을 차례다. 이들은 어떤 음식을 다루고 맡느냐에 따라 구분되었는데, 고기를 맡은 조리사는 별사옹, 밥을 책임지는 조리사는 반공, 굽는 요리를 맡은 적색, 술을 맡은 주색, 채소요리를 담당하는 채증색 등으로 나뉘어 있다. 그 밖에도 상을 차리고 인원과 그릇을 관리하는 이들도 있다. 사옹원에 속한 이들의 숫자가 적지 않았는데 궁궐 내의 음식을 모두 책임져야 했기 때문이다. 거기다 조선시대에는 오늘날처럼 전화로 주문하면 잘 다듬은 재료들을 주방까지 배달해주는 시스템이 없었으니 모든 재료들을 직접 다듬고 준비해야 했다. 임금을 비롯해서 왕실의 음식을 책임지는 막중한 부담감과 톱니바퀴처럼 쉴 새 없이 돌아가는 상황을 감안하면 적어도 조선시대에는 궁중의 주방에서 일하는 사람이 남자여야 하는 점이 당연하게 여겨졌을 것이다.

조리사들을 통틀어 숙수라고 불렀는데 이들은 모두 노비의 신분이었다. 《실록》에 숙수노, 즉 숙수 일을 하는 노비라는 단어가 나온다. 정확하게는 궁궐 안에서 일한다는 뜻으로 궐내차비노로 불렸으며 대전과 왕비전, 문소전 등에 소속된 공노비의 신분이었다. 약 400명 남짓이었으며 궐내차비노와 각사차비노의 숫자는 3,000여 명에 달했다. 조선시대 노비들은 개인에게 속한 사노비와 국가에 속한 공노비로 나뉘었다. 공노비는 사노비처럼 주인을 직접 모셔야 하는 어려움은 없었지만 선상입역, 즉 6개월 간격으로 한양으로 올라와 일을 해야 했다. 궁궐의 조리사들이 대장금 같은 여인도 아니고 식객에 나오는 멋진 모습도 아닌 노비 신분이었다니 좀 당황스럽기는 하다.

그들은 노비

열심히 일한 대가로 상을 받거나 노비 신분에서 벗어나는 행운을 누리기는 했지만 일은 무척 고된 편이었다. 비록 사옹원에 속한 인원이 수백 명이라고는 하나 왕실의 잔치와 제사는 끝이 없었다. 거기다 권세가들이 부르면 집으로 가서 음식을 바쳐야만 했다. 밤을 새는 것은 물론이고, 음식에 문제가 생길 경우 처벌을 면치 못했다.

사건사고들도 많이 있었다. 세조 때는 문소전의 각색장 유산이 도둑질을 한 물건을 가지고 궁궐 밖으로 나가려다가 들켜서 처벌받았다. 중종 때는 두모포에 임금에게 바칠 물고기를 잡으러 갔던 각색장 신세영이 물에 빠져 죽는 일이 벌어졌다. 각색장 말손이 다섯 달 동안 출근하지 않고 행방을 감추자 사옹원의 제조가 그 아내를 잡아다가 관노로 삼으려고 했다가 신하들의 반발을 산 일도 있다. 이때 중종은 법에 없는 일이라며 항의하는 신하들에게 각색장의 일이 어렵고 힘들어서 다들 피하려고 하기 때문에 시범케이스로 삼아야 한다고 얘기했다. 잡직이긴 하지만 품계를 가진 각색장이 이 정도였으니 노비 신분의 숙수들은 오죽 힘들고 어려웠을지 짐작이 간다. 하긴 오늘날에도 하얀 유니폼을 멋지게 차려입은 요리사들의 모습 뒤에 바쁘게 움직이는 주방이 가려져 있기는 하다.

그러다 임진왜란 때 세자를 호종한 반감 양언복과 각색장 서수남은 호종공신의 반열에 오르기도 했다. 한편, 각색장노라는 표현이 《실록》에 보이는 것으로 봐서는 숙수 중에서 노비의 신분을 유지한 채 승진한 경우도 있는 것 같다. 숙수들은 주방일을 빼고도 궁궐 안의 각종 허드렛일은 물론 권세가들의 연회에도 동원되었을 가능성도 높다.

중종 22년에 벌어진 쥐를 이용한 저주 사건 '작서의 변'에도 각색장노 수명 등이 연루되어 조사를 받았다. 용의자들이 작서의 변에 이용할 쥐를 구하기 위해 각색장들에게 부탁했던 것으로 의심을 받은 것이다. 명종이 즉위한 직후, 소윤이라 불리던 인종의 외척 윤임은 자신의 생질인 계림군 이유를 추대하려고 했다는 죄목으로 제거되었다. 이때 각색장 오연복과 오순복이 이들과 가깝게 지냈다는 이유로 문초를 받았다. 오연복은 중종의 부인이었던 장경왕후의 혼전인 영경전 반감으로 임명되면서 이유를 알게 되었다고 자백했다. 그리고 그의 생질인 윤임이 사옹원 도제조였기 때문에 이유를 찾아가서 청탁을 했노라고 털어놨다. 청탁의 목적은 승진이 아니라 관직, 즉 반감의 자리를 벗어나고 싶었기 때문이었다. 처벌을 받지 않기 위해 거짓말을 했을 가능성도 있지만 몇 달 동안 입궐하지 않았던 각색장 말손의 사례와 같이 생각하면 힘들고 괴로운 일이었던 것은 분명해 보인다. 또 다른 각색장 오순복은 윤임이 가끔 불러서 그의 집에 가서 요리를 해준 것이 전부라고 진술했다.

대한제국 시기인 1903년에는 생홍합을 수라상에 올릴 때 모래를 충분히 빼지 않아서 고종의 치아가 상한 일이 있었다. 이 일로 숙수 김원근과 숙수패장 김완성 등이 체포되어 조사를 받고 태형과 징역

형을 선고받았다.

조선 후기로 접어들면서 숙수는 차츰 집안 대대로 세습이 되어간 것으로 보이는데, 교대 근무였기 때문에 궁궐에서 일을 하지 않을 때는 그릇을 팔거나 빌려주는 일을 하거나 밖에서 숙수노릇을 한 것으로 보인다.

궁중 말고도 민간에도 숙수들이 존재했다. 《조야회통朝野會通》에는 파주 교하에 사는 숙수 개천이 양반들의 부녀자를 희롱하는 얘기를 했다가 곤장을 받은 사례가 보인다. 아울러 광해 2년인 1610년에는 제사를 맡은 관청인 봉상시에서 궁중의 숙수들이 부족해서 한양의 사숙수들을 임시로 채용해서 일을 시키고 있다는 기록이 있다. 두 가지 사례를 보면 궁궐뿐 아니라 민간에서도 남자 조리사들이 제법 존재했던 모양이다. 아마 궁궐에서 숙수로 일하다 면천된 이들이 밖으로 흘러나왔거나 이들에게 조리법을 배운 듯하다.

궁중요리의 탄생

이렇게 천대받던 숙수들에게 조선 왕조의 멸망은 오히려 기회가 되었다. 궁중의 음식을 책임지던 사옹원도 한말인 1885년 전선사로 명칭이 바뀌면서 궁내부에 소속되었다. 그러다 1907년 헤이그 밀사 사건을 계기로 고종이 퇴위하자 궁내부가 폐지되었다. 전선사장으로 일하던 안순환은 이런 상황을 예측이라도 했는지 1903

년, 지금의 동아일보 자리에 최초의 요리집인 명월관을 열었다. 이때 궁중에서 일하던 숙수들이 나오면서 궁중요리라는 새로운 장르의 음식들이 탄생했다.

안순환이 숙수였다는 기록이 있긴 한데 정확하게 얘기하면 관리 책임자였다고 봐야 한다. 어쨌든 안순환에 의해 궁중에서 빠져나온 요리들은 일제강점기 기생과 더불어 조선을 상징하는 아이콘이 되었다. 궁중 한정식은 순종왕후 윤비를 모셨던 마지막 주방 상궁 한희순을 통해 현재까지 이어져오고 있으며 무형문화재 제38호로 지정되어 있다.

가볼 만한 곳

창덕궁 수라간

창덕궁의 경훈각과 대조전 사이에 수라간이 남아 있지만 일제강점기 때 새로 지어진 것이라 우리가 기대하는 것과는 다른 모습이다. 현재 출입할 수 없게 되어 있지만 외부에 유리창이 달려 있어 안쪽을 살펴보는 데 큰 문제는 없다. 벽과 기둥에는 흰색 타일이 붙어 있으며 수도와 서양식 오븐과 선반이 설치되어 있다. 천정에는 전구까지 달려 있어 조선시대 수라간의 모습은 찾아보기 어렵다. 지난 2011년부터 경복궁의 소주방이 복원되고 있다.

2부

스스로 벌어 먹고살다

08

기인其人

신문의 조상

신문의 탄생

선조 10년1577년 10월.

아침부터 경복궁 영추문 밖이 입궐하는 관리들을 태운 초헌과 말들로 북적거렸다. 가마꾼과 말구종들은 추운 날씨를 견디기 위해 솜저고리를 비롯해서 옷을 잔뜩 껴입었다. 이엄방한모과 둥그니부츠 모양의 짚신 차림의 아이 하나가 그들 사이에서 초조하게 발을 구르며 영추문을 쳐다봤다.

잠시 후, 영추문이 반쯤 열리더니 솜저고리를 껴입은 기별군사들이 우르르 몰려나왔다. 주인마님이 나오시나 하고 고개를 돌린 가마꾼과 말구종들은 기별군사를 보고는 얼굴을 돌렸지만 아이는 반색하고는 그 중 한 명에게 다가갔다.

"오늘 좀 늦으셨네요?"

"주서注書, 승정원에서 일하는 정7품의 관리로서 정원은 2인 나리께서 까탈을 부리셔서 말이다. 여기 있다."

기별군사는 품속에서 대나무통 하나를 꺼내 건넸다. 아이는 꾸벅 고개를 숙여 인사하고는 곧장 운종가로 내달렸다. 사람들이 구름처럼 많다고 해서 붙여진 명칭답게 쌀쌀한 겨울 아침임에도 운종가는 사람들로 가득했다. 오가는 사람들이 뿜어내는 허연 입김이 길 위로 쳐놓은 천막을 스쳐 하늘로 올라갔다.

다람쥐처럼 날쌔게 사람들 틈을 빠져나간 아이는 혜정교 앞에 있는 지전의 이층 상점으로 올라갔다. 열댓 명의 사내들이 아이를 반겼다. 한참을 달려오느라 온몸이 땀에 젖은 아이는 반비半臂, 개가죽으로 만든 조끼 차림에 모관毛冠, 털로 된 모자을 쓴 늙은이에게 대나무통을 건넸다.

"주서가 까탈을 부려서 늦었답니다."

"망할 놈 같으니라고…… 뒷돈을 더 바치라는 얘기군. 어서 먹물 갈아라."

투덜거리면서 대나무통을 건네받은 늙은이는 안에 둘둘 말려 있던 조보朝報, 조선시대 승정원에서 발행된 일종의 관보를 꺼내 나무탁자 위에 올려놨다. 그러고는 모서리에 문진을 누른 다음 허리를 굽혀 들여다봤다. 창가 쪽 다른 탁자에 서 있던 젊은이가 청동으로 만든 틀을 앞에 놨다. 그러자 털보가 커다란 나무상자를 낑낑대면서 옆에 올려놨다. 허리를 굽힌 채 조보를 들여다보던 늙은이가 카랑카랑한 목소리로 말했다.

"사헌부에서 북방의 수비가 시급하니 이조에 명하여 젊고 용맹한 장수를 뽑아서 보내라고 아뢰었다. 그리고 주상이 향약에 관한 양사의 보고를 받으시고 백성들을 번거롭게 하는 일을 꼭 지금 해야만 하는지 이해할 수 없으며 이는 반드시 큰 폐단을 가져올 것이라고 하셨다."

늙은이의 얘기를 들은 젊은이가 청동틀 안에 금속활자를 끼워 넣었다. 그의 재빠른 손놀림에 먹물을 갈면서 지켜보던 아이가 저도 모르게 감탄사를 터뜨렸다. 늙은이가 계속 조보를 읽어나가면 젊은이는 그 내용에 맞춰 틀 안에 금속활자를 끼워 넣어갔다. 그렇게 청동틀 네 개에 금속활자가 모두 끼워지자 늙은이가 곰곰이 생각하는 표정으로 말했다.

"북방 얘기는 사람들이 별로 관심 없을 테니 빼고 향약 얘기를 제일 앞에 올려라. 경저리京邸吏, 조선시대 지방 관청에서 한양에 파견한 향리나 아전들. 경주인이라도고 부른다들이 그 문제에 관심이 많거든."

"알겠습니다. 별시가 치러진다는 내용을 그다음에 넣는 게 낫겠죠?"

금속활자를 만지작거리던 젊은이의 말에 늙은이가 씩 웃었다.

"목을 빼고 기다리는 선비들이 한둘이 아니잖나. 향약 얘기 다음으로 넣게."

그런 식으로 몇 차례 활자들이 청동틀에서 뽑혀나갔다가 다시 끼워졌다. 중간에 삐뚤어진 활자들은 대나무나 종잇조각을 사이에 끼워 넣어 균형을 잡았다. 마지막으로 늙은이가 눈으로 빠르게 살펴보고는 고개를 끄덕거렸다.

"됐군. 일단 한 장 찍어보세."

그러자 금속활자를 맞춘 젊은이 옆에 서 있던 털보가 커다란 나무망치를 들고 금속활자들을 살살 쳤다. 몇 번이고 망치질을 멈춘 털보는 허리를 굽혀 틀 안에 꽂은 활자들의 높이가 일정한지 살펴보고는 물러났다. 그사이 부지런히 먹을 갈던 아이가 큰 붓으로 청동틀 안에 끼워진 금속활자 위를 발랐다. 너무 많이 바르면 번지고, 너무 적게 바르면 글씨가 제대로 찍혀 나오지 않기 때문에 적당히 바르지 않으면 잔소리를 듣는다. 다행히 이번에는 마음에 드는지 별다른 얘기가 없었다.

금속활자를 맞췄던 젊은이가 털보와 함께 종이를 팽팽하게 펼쳐서 조심스럽게 청동틀 위에 올려놨다. 하얀 종이 위에 서서히 먹물이 스며들면서 글자가 떠올랐다. 털보에게서 인체사람의 머리카락으로 만든 솔를 넘겨받은 늙은이가 조심스럽게 종이를 누르면서 먹물이 묻은 금속활자가 종이에 잘 스며들도록 매만졌다. 이마에 구슬땀이 흐르는 것도 잊은 채 뚫어지게 종이를 들여다보던 늙은이가 흡족한 표정을 지었다.

“이 정도면 됐네. 늦었으니까 서둘러서 찍도록 하세나.”

“알겠습니다.”

기다리고 있던 사람들 모두 달려들어 일을 하느라 정신이 없었다. 그 와중에 먹을 갈던 아이는 아까 가져온 조보를 들여다봤다. 훈장 일을 했던 아버지 덕분에 제법 문자를 외우기는 했지만 도통 알아볼 수가 없었다. 아이가 조보를 이리저리 살펴보자 한숨 돌린 늙은이가 다가와서 머리를 쓰다듬어줬다.

“이건 기별초奇別草라고 불리는 글씨체란다. 짧은 시간에 빨리 베껴 써야 하기 때문에 보통 사람들은 아무리 봐도 알 수가 없지. 나처럼 승정원 기별서리로 오랫동안 일한 사람이 아니라면 말이야.”

“그런데 이걸 어떻게 사람들이 읽어요?”

“기별청에서 기별군사들을 통해 조보를 관청이랑 경저리에게 나눠주면 거기에도 읽는 사람들이 있긴 하지. 하지만 옮겨 적는 과정에서 잘못 적기도 하고 늦어지기도 한단다. 그래서 우리가 이렇게 조보를 받아다가 인쇄를 하는 거란다.”

기별서리 출신의 늙은이가 아이와 얘기를 나누는 사이 일층의 지전 앞에 사람들이 하나둘씩 모여들었다. 대개는 한양에 있는 경저리들과 관청에서 보내는 노비들이었지만 개중에는 한양의 양반들이 보낸 하인도 적지 않았다. 조보를 인쇄한 종이를 곱게 접은 젊은이가 개수를 세서 그들에게 넘겨줬다. 그들이 인쇄한 조보 아닌 조보는 빠른 속도로 흩어져 나갔다. 그 광경을 지켜보던 아이는 먹물이 부족하다는 외침에 허둥지둥 먹을 붙잡고 벼루에 갈았다.

오늘의 조보 읽어보셨습니까?

선조 10년인 1577년, 백성들이 조보를 가져다가 활자로 인쇄해서 판매하는 모습이다. 모든 것이 기계화된 지금 보면 사뭇 낯선 풍경이지만 불과 수십 년 전 활자를 이용해 신문을 인쇄하던 때와 비교해 크게 다른 모습은 아니다.

조선시대에도 백성들이 신문을 인쇄해서 팔았다고 하면 소설 쓰지 말라고 하겠지만, 실제로 조선시대 내내 '조보'라는 이름의 관보가 발행되었고, 비록 짧은 기간이지만 백성들이 그걸 받아다가 자체적으로 인쇄해서 배포한 적도 있다. 나중에 선조가 이 사실을 알고 펄펄 뛰면서 사라지기는 했지만 말이다.

조보는 왕명을 출납하는 승정원에 속한 기별청에서 발행하는 관보 형식의 신문이다. '저보'나 '기별지'라는 명칭으로도 불렸다. 그렇다면 조선시대에 왜 신문 형태의 관보가 발행되었을까? 일단 정부 차원에서는 인사 이동이나 주요 정책의 시행과 정지, 과거의 시행과 합격자 명단, 임금에게 올라온 상소문과 그 답변인 비답, 그리고 기이한 자연현상 등에 대해서 백성들에게 알릴 필요가 있었다. 아울러 임금이 백성을 타이르는 내용을 담은 윤음 같은 것도 널리 알려야 했다. 그밖에 기록을 보면 유배된 죄인을 해배시킨다는 기사도 확인된다. 그걸 매번 지방에 사람을 보내 알릴 수는 없는 노릇이기에 한 번에 정리해서 배포한 것이 바로 조보다. 오늘날의 신문처럼 정보 전달이 목적이지만 발행하는 쪽에서 필요하거나 혹은 들려주고 싶은 내용만 실었으며 독자층을 제한했다는 점이 결정적인 차이이다.

조보는 매일 아침 전날의 소식을 발행했는데 아마도 승지가 어떤 소식을 실을지 결정했을 것으로 보인다. 그러면 조보소 혹은 기별청이라고 불린 곳에서 일하던 기별서리들이 이를 정리해 조보로 만들었다. 《승정원일기》를 담당했던 정7품 관리 주서가 조보의 발행을 맡지 않았을까 조심스럽게 추측해볼 수 있다.

조보는 하루 한 차례, 아침에 발행되었다는 점에서 조간신문과 유사하다. 그리고 중요하거나 급박한 일, 예컨대 조광조에게 유배령을 내렸다든지 하루아침에 정권이 교체되는 환국이 일어나면 호외와 비슷한 '분발'이 발행되었다.

어떤 내용이 조보에 실릴지 결정되면 이제는 기별서리들이 나설 차례다. 이들이 베껴 쓴 조보는 해당 관청으로 보내졌는데, 오늘날 전해지는 조보들을 보면 글씨가 굉장히 낯설다. 기별서리들이 베껴 쓴 조보의 글씨는 기별초 혹은 난초체라고 불리는데 이두가 섞여 있기도 했지만 급하게 베껴 써야 했기 때문에 굉장히 흘려 쓰는 편이었다. 오늘날 속기사들이 쓴 속기록을 일반인이 읽지 못하는 것과 비슷한 경우라고 할 수 있다. 조보 역시 오랫동안 베껴 쓴 기별서리들이 아니면 판독하기 힘들었다. 단, 왕실도서관이라고 할 수 있는 규장각에서 파견한 정서 기별서리들이 베낀 정서조보는 누구나 알아볼 수 있는 정서로 쓰였다. 임금이나 세자, 세손이 읽는 것을 기별초로 쓸 수는 없기 때문이다.

이렇게 베껴 쓴 조보는 사람들의 손으로 직접 나눠졌다. 오늘날의 신문배달부 역할을 한 이들을 기별군사라고 부른다. 조보를 받아볼 수 있는 계층은 정승과 판서 같은 고위관료와 한성판윤을 비롯한 중앙 관청의 책임자들과 지방의 감사와 절도사, 그리고 퇴임한 고위관료 등 한정적이었다. 그리고 한양의 관청들은 당일 받아봤지만 지방의 경우는 5일 분량의 조보를 묶어 한 번에 받아 보았다. 지방 관청의 경우에는 한양에 파견한 경저리들을 통해서 받아봤을 텐데 아마 경방자, 그러니까 경저리들과 지방 관청 사이에서 오가는 공문이나 편지를 배달하던 노비의 손을 거쳤을 것이다.

오늘날 남아 있는 조보를 보면 현대의 신문과는 거리가 있어 보인다. 제대로 된 편집은 차치하고 기사 제목이나 작성자 정보 같은 것들도 생략되어 있다. 단지 몇 월 며칠 승정원에서 발행되었다는 사실만 언급되어 있다. 하지만 이 정도만 해도 정보에 목마른 이들에게는 감지덕지였을 것이다.

오늘날의 신문을 기준으로 보면 승정원 주서가 데스크 역할을 맡고 기별서리들이 편집 기자 노릇을 했다. 이들은 승정원 소속이 아니라 조보를 받아볼 각 관청에서 파견된 서리들이었다. 조선시대에 형성된 전형적인 중인 계급인 이들은 기술직 관료로서 실무행정을 맡았다. 한때는 조선을 멸망시킨 원흉이라는 오명을 쓰긴 했지만 사실 행정 실무자들인 이들이 없었다면 조선은 진즉에 망했을 것이다. 이들도 상급자인 녹사와 하급자인 서리로 나눠지는데 조선 초기에는 녹사들도 양반 축에 들었지만 중기에 접어들면서 차츰 신분이 하락해서 함께 중인으로 묶였다. 이들은 조선 후기 들어서면서 신분차별 철폐를 주장하는 통청운동을 벌였으며 여항문화라고 불리는 새로운 문화 흐름을 주도했다. 기별서리는 이런 중인 계층 중 하나로 하급서리인 도필리刀筆吏, 하급관리인 서리를 얕잡아 부르는 말에 속했다.

기인, 민간에서 조보를 발행하다

승정원의 조보에 만족하지 못하고 자신들이 직접 신문을 만들겠다고 나선 자들도 있었다. 1577년 8월의 어느 날, 한 무리의 백성들이 사헌부와 의정부에 연명으로 상소문을 올려 조보의 발행을 요청했다. 그리고 허락을 받자 조보를 받아다가 직접 인쇄해서 발행했다. 어떤 제작 과정을 거쳤는지는 자세히 알려져 있지 않지만 매일 아침 기별청에서 발행한 조보 중 하나를 얻어다가 금속활자로 인쇄해서 배포했던 것으로 보인다. 아마 이 과정에서 난해한 기별초를 알기 쉬운 한문으로 풀어서 찍었고, 주 독자층이라고 할 수 있는 양반, 즉 사대부들이 원하는 소식들을 앞에 배치하거나 골라서 싣는 등의 편집도 이뤄졌을 것이다. 독자적인 취재 과정이 없기 때문에 신문과 바로 대입하기는 어렵다. 굳이 비교하자면 신문이 아니라 연합통신 같은 통신사로 보는 게 더 어울린다. 누가 최초로 승정원에서 발행하는 조보를 받아다가 직접 편집을 해서 발행하자는 아이디어를 냈는지는 알려져 있지 않다. 하지만 조보와 관련된 업무를 했거나 그 과정을 잘 알고 있는 인물이라는 점은 어렵지 않게 짐작할 수 있다.

민간에서 조보를 발행한 사건을 언급한 《선조수정실록》에 발행 주체를 알 수 있는 단서가 있긴 하다. 바로 '기인들'이라는 단어다. 고려시대의 기인은 지방 세력가의 아들이나 친척을 개경에 붙잡아 두고 해당 지역의 자문 역할을 맡은 이들을 일컫는다. 일종의 인질이지만 함부로 할 수 없는 관료이기도 했다. 하지만 왕권이 강화된 조선시대 들어와서는 지방의 향리가 파견되었다. 이들은 궁궐의 축조를 비롯한 각종 노역에 동원되었으며, 조선 중기에 접어들어서는 궁궐과 관청에 땔감을 공급하는 일을 맡았다. 하지만 향리 출신이기 때문에 문자를 쓸 줄 알았고, 관청과 밀접한 연계를 맺을 수 있었다. 민간에서 조보를 발행한 일을 설명할 때 굳이 기인들이라는 단어를 넣은 것을 보면 이들이 주체가 되었음을 알 수 있다. 아울러 금속활자를 이용해서 찍었던 것으로 봐서는 활자를 다룬 기술자들도 포함되어 있었던 것으로 추정된다. 초기 투자비용을 댄 투자자도 있었을 것이다.

어쨌든 이들은 의정부와 사헌부에 상소를 올려 조보를 받아올 수 있게 되었고 이 조보를 활자를 이용해 인쇄하여 독자들에게 배포하는 등 꽤 조직적으로 움직였다. 독자들의 반응이 꽤 좋았으니 만약 선조만 아니었다면 오늘날의 신문과 유사한 형태로 발전될 가능성도 있었을 것이다. 그렇다면 누가 이들이 발행한 신문에 열광했을까?

당시 조보에 목을 매는 이들은 바로 양반들이었다. 조선시대의 양반들이라고 다들 사랑채에 앉아서 책만 읽었다고 생각하면 오산이다. 정보에 대한 욕구는 예나 지금이나 다름없다. 특히 교통과 통신이 불편한 조선시대에는 더더욱 그러했다. 과거에 합격해서 관리가 되는 것이 삶의 유일한 목표이자 운명이었던 양반들에게 과거시험이 언제 치러지고 누가 어떤 자리에 임명되었는지를 아는 것은 굉장히 중요한 일이었다. 휴대폰이나 인터넷은 차치하고 우편제도도 없었기 때문에 사람들끼리 편지를 주고받기 위해서는 중간에 심부름꾼이 필요했다. 조보는 이런 목마름을 해결해줄 수 있는 유일한 수단이었다. 따라서 관보 형태의 조보는 관리들뿐 아니라 양반들에게 큰 인기를 끌었다.

현직 관리가 아니거나 고위직을 역임하지 않은 양반들은 원칙적으로 조보를 읽을 수 없었다. 하지만 이들은 이런저런 방법을 이용해서 조보를 손에 넣었다. 문제는 조보에 적힌 기별초를 판독하기 어렵다는 것이었다. 조보를 받아본 관리들은 그걸 번역해주는 서리들이 옆에 있어서 문제가 없었지만 양반들은 그런 도움을 받을 수 없었다. 물론 관리들이 읽을 수 있도록 서리들의 번역 작업이 이뤄졌을 수도 있지만 그것 때문에 아랫사람들에게 부탁하기에는 양반들의 자존심이 허락하지 않았을 것이다. 아울러 한양에서 파견한 관리가 꼬장꼬장하거나 원칙주의자이거나 혹은 성질이 더러워서 안 보여주면 손가락을 빨 수밖에 없었다. 또한 조보에 실린 내용과 양반들이 듣고 싶어 하는 내용이 맞지 않는 경우도 많았을 것이다. 필요는 발명의 어머니라는 말처럼 이런 필요성이 민간에서 조보를 발행하게 되는 계기가 되었다. 구체적으로 살펴보면 다음과 같은 구절을 확인할 수 있다.

> "기인들이 활자를 새겨 조보를 인쇄해서 각사 및 외방 저리들에게 판매를 하니 사대부들이 모두 편리하게 여겼다."

선조 11년(1578년) 2월 1일자 《선조수정실록》에서

위의 기록은 민간에서 발행한 조보의 유통 경로와 주요 수요층을 짐작하게 해준다. 여기서 얘기한 각사는 관청들, 그리고 외방 저리는 경저리를 지칭한다. 쉽게 얘기하면 지방 관청에서 한양에 파견한 연락관들이다. 그런데 이들은 원래 조보를 받아보게 되어 있었다. 그런데 왜 별도로 민간에서 발간한 조보를 받아보았을까? 우

선은 조보가 배포된 숫자가 부족했다는 점을 들 수 있다. 손으로 급하게 베껴 쓴 것이니 관청이나 경저리들에게 배포된 조보는 잘해봐야 한 장이었을 것이다. 모두가 원하는 만큼 손에 넣을 수는 없었던 것이다. 아울러 지방의 유력한 양반들에게 별도로 조보를 보내달라는 부탁이나 압력을 받은 경저리들도 주요 고객이었다. 물론 최종 고객은 경저리들을 통해서 민간에서 발행한 조보를 손에 넣은 사대부, 즉 양반들이다. 그렇다면 이들에게 돈을 받고 조보를 팔아도 되겠다고 처음 구상한 것이 기인들이라는 점도 어느 정도 이해가 가는 측면이다. 이 와중에 활자로 인쇄를 하면 짧은 시간에 대량으로 만들 수 있다는 아이디어가 더해졌을 것이다.

하지만 선조 10년인 1577년 11월 28일, 우연찮게 민간에서 발행한 조보가 선조의 손에 들어가면서 파국이 시작되었다. 선조는 즉시 비망기備忘記, 임금이 자신의 뜻을 적어서 승지에게 내리는 문서를 내려서 누가 조보의 인쇄를 허락했는지 추궁했다. 8월에 요청을 받고 허락했다는 대신들의 답변에 선조는 조정의 일을 외부에서 알게 되면 좋을 것이 없다며 펄펄 뛰었다. 관련자들은 모두 체포되어 의금부에서 엄중한 조사를 받았다. 선조는 누군가 이들을 배후에서 사주했을 것이라고 믿었다. 사헌부에서 이들이 아무 죄도 없다면서 용서해줄 것을 청했지만 선조는 들은 척도 하지 않았다. 결국 해를 넘긴 조사 끝에 관련자들 30명이 모두 유배를 가면서 사건은 일단락되었다.

이들에게 조보의 발행을 허락한 혹은 묵인한 관리들도 모두 물러났다. 이렇게 선조의 서슬 퍼런 불호령에 신문이 탄생할 만한 새싹은 뿌리 채 뽑혀버리고 말았다. 선조는 용서해주자는 대신들의 청원에 본보기로 엄한 처벌을 할 것을 명했는데 상당히 효과를 보았다. 약 200년 후인 1776년, 정조가 승지 유당에게 조보를 활자로 인쇄하는 것이 어떻겠느냐고 물었다. 이때 유당은 선조 때의 사례를 들어서 반대했다. 정조는 선조와는 달리 감출 것이 없이 떳떳하다는 얘기를 했지만 유당이 극구 만류하면서 결국은 없었던 일이 되고 말았다. 꼼꼼하고 치밀한 선조의 일처리가 빛을 발한 순간이었다.

이런저런 소동을 거치면서 조보는 계속 발행되었다. 1894년, 관보가 발행된 이후에도 명맥을 이어가다가 1907년 11월, 승정원의 후신인 비서감이 폐지되면서 함께 사라졌다. 하지만 아무도 조보의 사라짐을 슬퍼하지는 않았다. 시중에는 이미 여러 종류의 신문들이 발행되고 있었기 때문이다.

조선에서 신문이 발행될 수 있었던 순간

선조의 불호령이 떨어지고 관련자들이 줄줄이 처벌받은 이후 다시는 민간에서 조보를 발행하려는 시도는 없었다. 통치하던 입장에서는 원치 않는 정보의 유출은 막고 싶은 게 당연했기 때문이다. 하지만 만약 선조가 이 사실을 눈감았다면 어땠을까? 만약 선조가 아니라 다른 왕이었다면 어땠을까? 예컨대 이런 얘기를 했던 중종이라면 말이다.

> "모든 국사가 비밀이 지켜지지 않고 있는데, 이는 승정원이 잘 단속하지 못했기 때문입니다. 조정의 일을 바깥사람이 먼저 알고서 되묻거나 논박을 받은 사람이 직접 찾아와서 따지는 등 폐단이 적지 않습니다. 중략 하니, 상이 이르기를, '조보를 만드는 일은 예로부터 있는 것이다. 비밀을 지켜야 할 일은 승정원에서 알아서 할 일이다. 그러니 일체 금지할 필요가 없다.'"
>
> 중종 10년(1515년) 5월 2일자 《실록》에서

비밀 엄수를 위해서 조보의 발행을 중단하거나 혹은 중요한 정보들을 빼놓아야 한다는 신하의 요청에 대해서 중종은 간단히 그럴 필요 없다고 받아쳤다. 광해군 역시 남들이 알지 말아야 할 일은 신지 말라고 했을 뿐 조보의 발행 자체를 막지는 않았다. 만약 조보를 받아서 발행하기로 했던 기인들이 중종이나 광해군을 만났다면 우리나라 신문의 역사는 꽤 달라졌을지도 모르겠다.

가볼 만한 곳

기별청

경복궁 유화문 옆에 맞배지붕을 한 두 칸짜리 전각이 있는데 바로 조보를 발행하던 기별청이다. 이곳에 기별청이 있었던 이유는 바로 유화문을 나가면 있는 승정원 때문이다. 왕명을 출납하는 승정원은 특성상 궁궐 안에 있어야 했기 때문이다. 승정원처럼 궁궐 안에 위치한 관청을 궐내각사라고 부르는데 홍문관 같은 언론기관들과 사옹원처럼 임금과 왕실 가족들의 실생활을 챙겨주는 기관들이 주를 이뤘다.

09

외지부外知部

나는 조선의 변호인이다

윤선도의 법정 다툼

인조 18년1640년 강진 관아.

동헌의 넓은 뜰에 서 있는 누구도 입을 열지 않았다. 오직 대청에 앉은 강진 현감을 곁눈질로 바라볼 뿐이었다. 구군복 차림의 현감의 발치에는 형방이 엎드린 채 붓을 쥐고 얘기를 옮겨 적을 준비를 하고 있었다. 대청 앞 섬돌에는 비장이 서서 뜰에 앉아 있는 소송인들을 바라봤다.

소송인들 양옆으로는 사령과 형리들이 나란히 서서 엄숙한 분위기를 자아냈다. 양쪽이 바친 소지所志를 꼼꼼하게 읽어보던 현감이 눈살을 찌푸렸다. 소송은 지방 수령이 반드시 처리해야 할 칠사 중 하나였다. 소송을 잘 처리해야 하는 것을 넘어서서 소송 자체를 줄여야 했다. 하지만 이익이 첨예하게 갈려 있는 소송의 경우에는 양쪽 모두 포기하지 않았다. 특히 이번 재판의 경우 무려 70명이나 되는 노비가 걸려 있었다. 더군다나 이들은 주인집 담장 밖에 기와집을 짓고 살 정도로 잘사는 노비들이라서 바치는 신공의 양도 어마어마했다. 거기다 소송 당사자 중 한쪽은 해남 윤씨 집안의 거두인 고산 윤선도였다. 소송을 건 조씨 집안도 그걸 의식해서인지 해남현이 아니라 강진현에 소지를 제출했다. 귀양에서 돌아온 윤선도는 칩거 중임에도 직접 소지를 작성하는 등 적극적으로 소송에 뛰어든 상황이었다.

이래저래 골치가 아픈 강진현감은 일단 잠자코 양쪽의 얘기를 들었다. 조씨 집안에서는 아전 출신인 이대랑이라는 자로 하여금 소송을 대신하게 했다. 그는 아전 출신답게 법에 대해서 잘 알고 있어서 능수능란하게 일을 처리했다. 재판의 쟁점은 노비들의 조상에 해당되는 칠비와 칠덕의 원 소유주가 누구냐는 것이었다. 오늘도 양쪽은 그 문제를 두고 팽팽하게 다투었다. 뜰의 오른쪽에 서 있는 윤씨 집안의 대노代奴, 주인을 대신해서 소송을 제기하는 노비 원봉과 춘입은 윤선도가 직접 쓴 소지의 내용을 반복해서 주장했다.

"칠비와 칠덕은 주인 어르신의 조부이신 영광공윤홍준께서 사마시에 합격해서 생원이 된 것을 축하하기 위해 장인인 송홍 어르신이 선물로 준 것입니다. 그 후 내내 영광공께서 이들을 부리셨습니다.

따라서 이들의 후손은 모두 윤씨 집안의 노비가 분명합니다."

그러자 강진 현감은 조씨 부인을 대신해서 동헌에 나온 이대량을 쳐다봤다. 이대량이 기다렸다는 듯 반박했다.

"저 자의 얘기는 아무런 근거가 없는 얘깁니다. 중요한 문기문서들은 모두 잊어버렸다고 하고 말로만 떠드는 것을 어찌 믿겠습니까? 칠비와 칠덕은 김씨 부인이 시양부인 송필에게서 받은 것으로 윤씨 가문과 아무 상관이 없습니다."

"제 주인께서는 거짓말을 하실 분이 아닙니다."

얼굴을 붉힌 원봉의 말에 강진현감이 물었다.

"생원에 합격한 것을 축하하기 위해 받은 것이 정녕 맞느냐?"

"그렇사옵니다."

우물쭈물하던 원봉이 대답하자 이대량이 눈빛을 반짝거리면서 소매에서 문서를 하나 꺼냈다.

"윤씨 가문의 대노 원봉이 방금 생원이 된 것을 축하하기 위해서 노비들을 받았다고 했습니다. 하지만 송홍이 선물로 준 노비들의 명단에는 칠비와 칠덕의 이름이 없으니 이것이 어그러짐의 단서입니다."

얘기를 마친 이대량이 공손히 문서를 바쳤다. 그가 바친 문서에는 분명 칠비와 칠덕의 이름이 없었다. 강진현감이 원봉에게 물었다.

"이 문서대로면 생원이 되었을 때 장인에게 받은 노비들이 아닌 모양이구나. 어찌된 일이냐?"

파랗게 질린 원봉이 아무 말도 하지 못했다. 반면 순식간에 전세를 역전한 이대량은 씩 웃었다. 결국 강진현감은 판결을 내리지 않고 석명권, 즉 양측 진술의 의문점들을 해명하라는 명령과 함께 상급자인 관찰사에게 넘겼다.

'무송'을 꿈꾸던 자들이 소송을 양산하다

뒤늦게 이 소식을 들은 윤선도는 미련하고 어리석은 노비가 이대량의 유도심문에 걸려들었다고 따로 해명을 해야 했다. 아울러 이대량이 조씨의 집안사람이나 친척 혹은 노비가 아니라 돈을 주고 고용한 대송인, 즉 외지부라고 비난했다. 고고한 선비이자 〈어부사시사〉를 지은 시인, 그리고 송시열과 치열하게 맞서 싸운 정치가로만 알았던 윤선도가 이런 법정 소송에 뛰어들었다는 사실은 다소 낯설게 비춰질 수 있다.

이 재판을 이해하기 위해서는 당시 해남 윤씨 집안의 상황을 비롯해서 복잡한 내부 사정을 파악해야 한다. 사건의 발단은 김씨 부인의 남편인 윤사회가 아버지의 첩과 간통을 저질렀다가 사헌부에 끌려가서 고문을 받고 죽으면서 벌어졌다. 남편을 잃은 김씨 부인은 평생 수절을 하면서 살았기 때문에 후손이 없었다. 그녀는 죽기 전에 남편이 첩을 통해 낳은 자식들에게 나누어주고 나머지는 친정 조카인 고부림의 처인 조씨에게 상속했다. 1636년 김씨 부인이 세상을 떠나자 윤선도는 김씨 부인이 조씨에게 상속한 노비들을 도로 거둬들였다. 윤씨 집안에서 부리던 노비들을 다른 집안에 줄 수 없다는 이유를 내세운 것이다.

그로부터 4년 후인 1640년, 조씨가 강진현감에게 소지를 제출하면서 법정 다툼이 시작되었다. 약 8년을 끈 이 소송의 쟁점은 김씨 부인이 조씨에게 넘겨준 노비들의 원 소유주가 누구였는지, 그리고 그 처분권이 김씨 부인에게 있는지 여부다. 조씨 집안에서는 이 노비들이 조씨 부인이 시양부모인 송필 부부에게 받았으니 윤씨 가문과는 아무 상관이 없다고 주장했다.《경국대전》에는 후사가 없는 부부 중 한쪽이 먼저 사망할 경우 생존자에게 재산의 소유권과 처분권을 주었다. 그리고 상속할 때에는 본가 집안에 물려주되 첩의 자식 등에게 일정 부분을 나눠주도록 되어 있다. 김씨 부인이 고부림의 처에게 노비들을 넘겨주기 전에 남편 윤사회의 첩이 낳은 자식들에게 노비들을 나눠준 것도 이때문인 것으로 보인다. 따라서 조씨 부인 입장에서는 정당하게 상속받은 노비들을 윤선도가 억지로 빼어간 셈이었다.

반대로 윤선도의 입장도 명확했다. 그는 본래 이 노비들이 할아버지인 윤홍준이 과거에 합격한 것을 축하하기 위해서 장인인 송홍이 선물한 것이라고 주장했다. 따라서 김씨 부인이 타인에게 함부로 상속할 수는 없었다고 보았다. 젊어서 남편을 잃고 홀로 사는 숙모가 불쌍해서 살아생전에는 노비들을 부리게 놔두었지만 다른 집

안으로 넘겨주는 것을 두고 볼 수는 없었다고 한 것이다.

당사자들은 피가 마르는 일이었지만 거의 400년 전에 이런 재판이 벌어졌다는 점은 흥미를 끌기에 충분하다. 또한 중요한 것은 70여 명의 노비가 걸린 이번 소송을 해결하기 위해 집안일에서 손을 뗀 채 칩거 중인 윤선도가 직접 뛰어들었다는 점이다. 시조나 지으면서 조용히 살 것 같았던 그가 두 팔을 걷어붙치고 소송에 뛰어든 이유는 노비의 숫자도 숫자지만 그들이 가진 재산 가치였다. 칠비와 칠덕의 후손들인 이들은 노비임에도 기와집을 짓고 땅을 소유하는 등 엄청난 부자였다. 따라서 이들이 바치는 신공의 양도 적지 않았기 때문에 윤선도로서도 마냥 손을 놓고 있을 수는 없었을 것이다. 아울러 그가 상대했던 인물이 외지부로 추정되는 이대량이라는 점도 눈길을 끈다.

조선은 소송이 일어나는 것을 극도로 싫어했다. 사람들 간의 다툼이 소송으로 번지는 것이 망국의 징조라고 봤기 때문이다. 하지만 요순시대나 유토피아가 아닌 이상 사람들 간의 갈등은 필연적으로 발생하기 마련이다. 그 갈등이 폭력으로 번지는 것을 막기 위해 탄생한 법률은 사회가 복잡해지면서 차츰 조항이 늘어났다. 고조선의 8조법이 한나라 상인들이 들어오면서 수십 개의 조항으로 늘어났던 것처럼 말이다. 기원전에도 이랬으니 조선시대에 법률이 어마어마하게 늘어나고 복잡해진 건 당연한 일이었다. 조선이 건국되면서 가장 먼저, 그리고 가장 오랫동안 손을 보고 신경 쓴 것도 바로

《경국대전》으로 대표되는 법률의 완성과 보완이었다. 재미있는 사실은 소송이 없는 사회를 꿈꾸던 사대부들이 사실은 소송을 양산한 원인 제공자라는 점이다.

외지부의 탄생

고려 후기에는 경처와 향처라는 독특한 제도가 보편화되었다. 지방의 사대부들이 그 지역의 집안과 혼사를 맺고 과거 등을 통해서 관직을 얻어서 개경으로 올라갔다. 대개 부인을 두고 혼자 올라갔는데 관직에 있으면서 개경에 있는 집안과 또다시 혼사를 맺었다. 지방에서 결혼한 부인을 향처, 개경에서 결혼한 부인을 경처라고 불렀다. 지금으로 치면 일종의 현지처인 셈이다. 조선을 건국한 이성계도 신의왕후 한씨라는 향처 외에도 신덕왕후가 되는 강씨라는 경처를 따로 두었다.

문제는 경처와 향처 중에 누구의 자식에게 재산을 상속하느냐였다. 조선시대 기준으로 보자면 뒤늦게 결혼한 경처가 첩에 해당되지만 집안으로 보면 경처 쪽이 센 경우가 많았다. 거기다 대부분 개경에서 머물면서 경처 집안에게 기대는 경우가 많았기 때문에 딱 잘라서 얘기하기가 몹시 애매했다.

양쪽 집안의 갈등은 사회적으로 큰 이슈가 되는 경우가 많았다. 태조 이성계도 '왕자의 난'으로 어머니가 다른 자식들이 서로 죽고 죽이는 것을 눈뜨고 지켜봐야만 했던 것을 보면 당시 분위기가 어떤지 짐작하기 어렵지 않을 것이다. 오늘날로 치면 집을 가진 사람이나 없는 사람이나 모두 함께 고민하고 걱정하는 부동산 가격 문제와 비슷했던 셈이다. 이런 갈등은 필연적으로 재산 상속을 둘러싼 다툼으로 이어졌다. 고귀하고 품위 있는 생활을 하기 위해서는 반드시 재산이 필요했고, 정당한 상속자라는 타이틀을 거머쥐기 위해서라도 반드시 필요한 일이었다. 문제는 상대방도 같은 생각이었다는 점이었고, 결국은 법정에서 담판을 지어야만 했다. 소송 없는 사회를 지향했는데 시작부터 어그러진 셈이다. 요즘으로 치면 범죄와의 전쟁을 선포했는데 오히려 조직들 간의 전쟁이 더 심해진 꼴이라고 할 수 있다. 특히 재산목록 1순위였던 노비를 차지하기 위한 쟁탈전이 벌어졌고, 덕분에 노비 관련 업무를 담당하는 장예원 앞은 늘 사람들로 북적거렸다. 안에서는 재판을 하는 양쪽의 가시 돋친 목소리가 터져 나오기 일쑤였다.

이렇게 소송이 늘어나면서 당사자들이 처리할 수 있는 한계가 생겨났다. 지금도 그렇지만 법률을 일반인이 알기에는 매우 복잡하고 특히 소장이라고 할 수 있는 소지를 쓰는 일도 만만치 않았다. 따라서 자연스럽게 이 일을 대행해주는 사람을 찾기 시작했다. 바로 외지부, 오늘날 변호인이나 법무사에 해당되는 존재가 탄생하게 된 시작점이 된 것이다. 외지부의 어원을 살펴보면 이들의 탄생 배경을 엿볼 수 있다.

"앞서는 대언 다섯 사람으로 이조, 병조, 호조, 예조, 공조의 일을 맡게 하고, 다른 관부에 속한 종3품 이상의 관리가 형조의 일을 맡게 하여, 도관에 나가 앉아서 노비의 소송을 판결하였으므로 이를 '지부知部'라 하였는데, 이때에 이르러 비로소 대언으로써 형조의 일을 맡게 하고, 형조 우참의로 하여금 오로지 도관의 소송을 맡게 하였다."

태종 5년(1405년) 1월 15일자《실록》에서

대언은 임금의 명령을 전달하는 임무를 맡은 관리로 후에 승지로 이름이 변경되었다. 지금으로 치면 청와대 비서관이 각 부처로 파견을 나간 것과 같다. 도관은 노비소송을 다루기 위해서 세워진 관청으로 훗날 장예원으로 명칭이 변경되었다. 정리하자면 대언이 도관에 나가서 업무를 처리하는 것을 지부라고 부른 것에서 외지부가 탄생되었던 것이다. 바깥에 있는 지부라는 뜻으로 관청 밖에서 지부 행세를 했던 이들을 일컫는 말이었다. 이들이 스스로를 외지부라고 칭했는지 아니면 다른 이들이 그렇게 불렀는지는 알 수 없으나《실록》에 실릴 정도로 광범위하게 쓰였던 것으로 보인다.

언제라고 딱 잘라서 얘기할 수는 없지만 외지부라고 불렸던 사람들은 돈이 되는 형조의 도관 앞에 어슬렁거리면서 손님들을 물색했을 것이다. 그리고 이들 앞에 소송에서는 이기고 싶어 했지만 방법을 몰랐던 사람들이 찾아들었다. 오늘날도 일반인들이 법정에 서거나 관련 서류를 내는 것은 쉬운 일이 아니다. 특히 조선시대의 소송은 주로 문기, 즉 서류를 통해서 판결을 내리는 경우가 많았다. 하지만 일반 백성에게 이 일은 절대 쉬운 일이 아니었다. 거기다 관리들이 눈을 부릅뜨고 지켜보는 관청에 나가서 자기주장을 펼치는 것은 더더욱 어려웠다. 사대부들이야 소송을 대리하는 노비들을 보내면 그만이었지만 대다수는 그럴 형편이 되지 않았던 것이다. 외지부는 이렇게 곤란을 겪는 사람들 앞에 나타나 소지, 즉 소장을 대신 써주거나 함께 나가서 증언하기도 했다. 경제학적 관점에서 보자면 수요와 공급이 딱 맞아떨어진 셈이다. 일반인보다 법률 지식이 뛰어났으며, 관료 앞에서도 주눅 들지 않았다는 점을 봐서는 주로 중인이나 하급 관리, 혹은 대노 출신들이 주류를 이루지 않았나 싶다.

외지부라고 불린 것으로 봐서는 주로 노비소송에 관여한 것으로 보인다. 하지만 예나 지금이나 법정의 문턱은 높기 마련이라서 실제로는 다양한 방면에서 활동했을 것이다. 그런 관점에서 보면 외지부는 변호사인 동시에 법무사나 세무사의 영역까지 활동했을 것으로 추정된다. 소송을 제기하긴 했어도 어떻게 할지 몰랐던 이들에게는 고마운 존재였지만 조정 대신들에게는 눈에 가시 같은 존재로 비춰졌다. 조선은 소송을 제기하는 것을 막지는 않았지만 많이 발생하는 것은 꺼려했다. 그런 관점에서 보자면 외지부는 소송을 부추기고 부채질하는 존재였다.

"지난날에 무뢰배들이 품을 받고 대신 송사를 하기도 하고, 혹은 사람을 인도하여 송사를 일으키게 했습니다. 아울러 법률 조문을 마음대로 해석하여 법을 남용해서 옳고 그름을 변경하고 어지럽게 하는데, 세상에서는 이들을 외지부外知部라고 부릅니다. 소송의 번거로움이 진실로 이러한 무리로부터 말미암는 것이므로, 마땅히 엄하게 징계하여 간사하고 거짓됨을 없애야 할 것입니다. 예전에 이들을 모두 붙잡아서 가족과 함께 변경으로 옮겼으나 그래도 간사한 무리가 오히려 다 없어지지 아니하여 예전에 비해 다름이 없습니다."

성종 9년(1478년) 8월 15일자 《실록》에서

이 기사는 노비소송을 담당하던 장례원이 형조를 통해 임금에게 보고한 내용이다. 외지부라는 명칭이 《조선왕조실록》에 처음 등장한 것은 성종이 즉위한 직후인 15세기 후반이다. 하지만 노비 관련 소송이 가장 많았던 시기가 조선 초기였고, 첫 기사가 이들의 활동에 대해서 비판하고 처벌을 주장하는 것을 감안하면 이들은 조선의 건국 직후 혹은 그 이전에 등장했다고 봐야 할 것 같다.

이들의 활동이 못마땅했던 조정 대신들은 마침내 칼을 뽑아들고 이들을 모두 붙잡아서 가족들과 함께 변방으로 유배를 보내버렸다. 관리들, 특히 장례원의 관리들은 앓던 이가 빠진 것처럼 속이 시원했을 것이다. 하지만 동서고금을 막론하고 법과 제도가 인간의 욕망을 이긴 적은 없다. 철퇴가 내려진 지 몇 년이 지나지 않아 벌써 외지부가 출몰하고 있다는 위의 기사에서 알 수 있듯 이들은 다시 돌아왔다. 연산군 시절에는 이들을 신고하면 포상한다는 정책이 시행되었지만 임진왜란이 지난 1603년에도 외지부 노릇을 했던 관리가 처벌받은 기록이 남아 있다. 그리고 윤선도와 맞서 싸웠던 이대량이라는 인물도 외지부로 의심받을 만한 정황이 있는 것으로 봐서는 대놓고는 아니라고 해도 아주 오랫동안 활동해온 것으로 보인다.

조선 후기 들어서도 소송은 줄지 않았다. 오히려 묘자리를 둘러싼 산송부터 상업이 발달하면서 늘어난 매매를 둘러싼 분쟁까지 다양화되었다. 그리고 그 분쟁의 한복판에 외지부가 있었다. 조정에서는 이들을 소란을 일으키는 무뢰배로 봤지만 도움을 받은 사람들에게는 더없이 필요한 존재였을 것이다.

왕실을 상대로 소송을 제기하다

이렇게 나라에서 처벌하고 유배를 보냈음에도 외지부가 바퀴벌레처럼 살아남은 이유는 바로 필요했던 사람들이 있었기 때문이다. 그렇다면 누가 이들을 필요로 했을까? 위정자들은 외지부 때문에 소송이 지체되고 늘어난다고 보았다. 하지만 법을 필요로 하고 기대고자 했던 사람들은 주로 힘없고 가난한 자였음을 기억하자.

경종 3년인 1723년, 꾀죄죄한 몰골의 시골사람 몇 명이 한성부에 들어섰다. 이들은 수백 장에 달하는 문서를 바쳤다. 하의삼도의 토지분쟁이 본격적으로 시작된 것이다. 전남 신안군의 외딴섬인 하의도와 상태도, 그리고 하태도를 한데 묶어서 하의삼도라고 불렀다. 조선시대에는 나주에 속한 섬이었으며, 임진왜란 이후 뭍에서 들어온 사람들이 정착했다. 교통이 불편했던 시대로 섬사람들은 뭍으로 나올 일이 드물었고, 뭍에서도 마찬가지였다. 간혹 관아에서 세금을 걷으러 들어가거나 유배인들이 오가는 정도였다.

나름 평화롭게 살던 이들에게 날벼락이 떨어진 것은 인조반정 이후였다. 선조의 부인이었던 인목대비는 광해군에 의해 서궁에 유폐될 때 큰 딸인 정명공주와 함께 지냈다. 그러다 인조반정으로 풀려난 정명공주가 늦은 나이에 서둘러 혼처를 찾았는데 풍천 홍씨 집안의 홍주원이 부마로 낙점되었다. 문제는 인조가 정명공주의 혼수로 엉뚱하게도 하의삼도를 준 것에서 시작되었다. 궁방전이라고 불리는 이 제도하에 토지의 세금을 국가가 아니라 하사받은 종친이나 부마 혹은 공신들이 가져갔다. 문제는 국가에 내는 세금처럼 납부할 양이 정확하게 정해지지 않았다는 점이다. 굳이 따지자면 걷어가는 쪽이 원하는 만큼이라고나 할까? 거기다 이 땅을 관리하기 위해서 파견된 궁차들이 행패를 부리면서 섬사람들과 분쟁을 일으켰다. 한발 더 나아가서 홍씨 집안에서 섬 주민들이 독자적으로 개간한 160결에 대해서도 소유권을 주장하자 갈등은 더욱 커져만 갔다. 이미 나라에 전세와 삼수미를 내고 있던 상황이라 이중과세라는 부담이 지워진 셈이었다. 참다못한 섬 주민들은 대표자를 뽑아서 한양으로 보냈다.

한양에 도착한 이들은 한성부에 홍씨 집안을 제소했다. 양반일 뿐만 아니라 왕실과 혼인 관계로 이어진 왕실을 상대로 소송을 제기한 것이다. 하지만 한성부에서는 이들이 가져온 문서에 관아의 인준이 없다는 이유로 패소 판결을 내렸다. 절차상의 문제를 걸고 넘어진 것인데 이것은 훗날 사헌부 지평 엄가경이 영조에게 고하면서 언급한 대로 관례상 큰 문제가 되지 않았다. 당시에도 법은 강한 자의 편이었나 보다.

섬 주민들은 몇 년 후에 다시 사헌부에 억울함을 호소했지만 아무런 도움도 받지 못했다. 그리고 50여 년이 지난 뒤 영의정 김치인이 이 문제로 다시 상소를 올려 섬 주민들의 사정을 고했지만 역시 영조는 아무런 조치도 취하지 않았다. 이후 이 땅은 한말에 궁내부에 소속되었다가 국유화하는 과정에서 홍씨 집안에게 넘어갔다. 섬 주민들도 더 이상 참지 않고 소송을 제기했다. 결국 일본인 변호사 고노 부스노스케의 무료 변론에 힘입어 승소했지만 기쁨은 잠시였다. 재판이 불리하게 진행되자 홍씨 집안에서는 재빨리 딴 사람에게 팔아넘긴 것이다.

토지를 둘러싼 섬 주민과 바뀐 주인 간의 소송과 분쟁은 친일파의 거두인 박춘금까지 가세하면서 일제강점기 내내 이어졌다. 1945년의 해방도 이들에게는 땅을 찾아주지 못했다. 미군정이 세운 신한공사 직원들이 세금 납부를 종용하자 격분한 섬 주민들이 들고 일어난 것이다. 경찰이 출동하고 사상자가 발생하면서 주동자들이 체포되어서 징역형을 선고받는 일이 벌어졌다. 정부 수립 이후 토지 무상분배에 관한 결의안이 국회를 통과하면서 다시 희망이 보이나 싶었지만 1950년 6월 25일 한국전쟁이 발발하면서 그 역시도 물거품이 되었다.

마침내 한국전쟁이 끝난 후 섬 주민들이 정부에게 돈을 주고 토지를 매입하는 형식으로 300년에 걸친 기나긴 토지 소유권 분쟁이 끝났다. 섬 주민에게 돈을 받은 정부는 등기 비용을 아끼기 위해서 소유권 이전을 미뤘다. 물론 땅을 되찾은 섬 주민들이 재산권을 행사하는 데 별 문제는 없었지만 1990년대까지 섬의 상당부분은 일본인과 정부 소유로 남아 있었다.

섬 주민들은 태어나 죽을 때까지 땅을 되찾는 것을 숙명처럼 여겼을 것이다. 할아버지와 아버지, 그리고 자식에게까지 이어진 그 증오의 기억은 결국 수많은 사람들이 피와 희생 끝에 겨우 제자리로 돌아왔다. 하의삼도 중 하나인 하의도는 고故 김대중 전 대통령의 고향으로 알려져 있다. 200년이 넘은 하의삼도의 저항과 독재에 맞선 정치인의 활동이 묘하게 겹쳐진다. 이 얘기를 들은 어느 시인은 저항의 유전자가 어디서 나왔는지 알 것 같다고 말했다. 이 기록들을 보면서 만약 경종이나 영조 시대에 섬 주민들이 소송을 제기했을 때 외지부의 활동이 허용되었고 도움을 받았다면 어땠을까 하는 상상을 해봤다. 어쩌면 위정자들이 외지부를 미워하고 몰아낸 것도 이렇게 자신들의 기득권이 도전받는 소송을 막기 위해서가 아니었을까?

외지부에서 변호사로

조선시대 내내 죄인 취급을 받던 외지부가 합법화된 계기는 근대화와 개항이었다. 1895년에 외부인이 재판을 대신해주는 것을 허용함으로써 사실상 변호인이 도입되었다. 이후 대한제국 시기인 1905년에 변호사법이 통과되면서 공식적인 변호인 시대가 열렸다. 우리나라 최초의 변호사는 평리원 검사를 역임한 홍재기 씨로 알려져 있다. 뒤이어 시작된 일제강점기에는 김병로와 허헌 같은 변호사들이 독립운동가를 앞장서서 변호해주는 등 많은 활약을 했다.

광복 이후에 변호인들은 고소득층이자 사회지도층의 자리를 차지했다. 조선시대 무뢰배로 손가락질 받았던 시절에는 꿈도 꾸지 못했던 위치에 오른 셈이다. 하지만 최근 로스쿨 제도가 도입되면서 변호사들이 우후죽순으로 늘어났다. 2006년에 이미 대한변협에 등록된 변호사만 1만 명에 달했으니 지금은 더욱 많아졌을 것이다. 재미있는 것은 변호사의 숫자가 늘어나면 불필요한 소송이 증가할 수 있다고 주장하는 논리다. 수백 년 전에도 외지부를 탄압할 때, 아니 외지부의 도움이 필요했던 이들을 억누를 때 위정자들이 내세웠던 논리에서 한 발자국도 벗어나지 못한 셈이다.

조선은 소송이 제기되는 것을 극도로 싫어하면서도 한편으로는 소송 자체를 막지는 않았다. 평민이나 천민도 자유롭게 소송을 제기할 수 있는 권리를 보장했으며, 이들이 양반을 상대로 소송을 제기하는 것도 막지 않았다. 아울러 세 번까지 소송하는 것을 허용했으며 소송을 제기할 수 있는 기간을 제한하는 일종의 공소시효를 두는 등 현대의 법률체계와 비교해도 손색이 없을 정도로 체계적인 장치들을 마련했다. 공정한 판결을 위한 여러 제도들을 시행한 것은 조선이 결코 소송을 일방적으로 막지는 않았다는 것을 보여준다. 법은 약자가 강자에게서 자신을 보호할 수 있는 몇 가지 안 되는 보호 장치 중 하나다. 한 국가가 선진국인지 아닌지 판단할 수 있는 기준 가운데 하나는 바로 법의 공평함과 공정성이다. 그런 측면에서 오늘날 대한민국이 조선보다 공정하고 법치적이라고 볼 수 있을까?

가볼 만한 곳

장예원 터 표지석

노비를 둘러싼 소송이 벌어졌던 장예원은 사라졌고, 세종문화회관 뒤편에 있는 광화문역 8번 출구로 나오면 표지석만 남아 있다.

하의삼도

하의도에는 고故 김대중 전 대통령의 생가가 복원되어 있으며 김대중 모실길도 조성되어 있다. 2009년에 하의북초등하교 자리에 세워진 하의삼도 농민운동기념관에는 오랜 투쟁의 과정을 볼 수 있다. 그 밖에 유학자로 명성을 떨친 초암 김련이 후학들을 가르치기 위해 세운 덕봉 강당도 남아 있다. 고 김대중 전 대통령도 이곳에 다녔다고 전해진다.

10

여리꾼

삐끼의 조상

화려한 복장, 낯선 말투

"어이구, 오랜만입니다. 시장에는 어쩐 일이십니까?"

소매치기에게 당할까 신경을 곤두세운 채 운종가를 걷던 황 진사는 뒤에서 들려오는 쾌활한 목소리에 저도 모르게 고개를 돌렸다. 키가 껑충한 사내가 싱글벙글 웃으면서 다가오는 걸 본 황 진사는 저도 모르게 웃음을 터트렸다. 의금부 나장들이나 입을 법한 까치등걸이에 대전별감들이 쓰는 노란 초립을 썼기 때문이다. 거기다 까치등걸이의 허리춤에는 색색까지 천을 길게 늘어뜨려서 사람들 눈에 안 띌 수가 없었다. 황 진사가 웃음을 겨우 참는 사이 바짝 붙은 그가 속삭였다.

"보아하니 시장에는 발걸음을 잘 하지 않는 양반님이신 것 같은데 말입니다. 어쩐 일이십니까?"

"이, 이번에 아들 녀석이 무과에 합격해서 말일세."

헛기침을 하면서 목에 힘을 준 황 진사의 말에 그가 함박웃음을 지었다.

"그러면 철릭을 맞춰야겠군요. 적당한 곳은 찾으셨습니까?"

하도 다정하게 묻자 황 진사는 저도 모르게 한숨을 푹 내쉬었다.

"그게 말일세. 여기 오면 살 수 있다고 해서 왔는데 도통 못 찾겠구만."

"그렇죠. 다들 퇴청에 앉아서 물건들을 보여줄 생각들을 안 하고 말이죠."

빙그레 웃은 그가 맞장구를 쳤다. 운종가의 상점들은 물건을 밖에 내놓지 않았다. 그리고 주인들은 모두 작은 문간방에 방석을 깔고 앉아서 주판을 튕기거나 담배를 피웠다. 뭐라고 물어보기도 애매해서 계속 발품만 파는 중이었다.

"첫 관복이니까 좋은 걸 맞춰야 하지만 또 너무 좋은 걸 하면 윗사람들이 건방지다고 생각하지 않겠습니까?"

"그, 그렇지."

"청나라 삼승포를 파는 청포점보다는 우리나라 비단을 파는 면주점이 좋겠습니다. 가만있자. 마침 제가 아는 곳이 있는데 가보시렵니까?"

능숙하고 자연스러운 그의 말에 황 진사는 저도 모르게 고개를 끄덕거렸다. 그러자 그가 팔을 붙잡고 사람들 사이를 헤쳐 나갔다. 혜정교 앞의 어느 상점 앞까지 황 진사를 데려간 그는 퇴청에 앉아 있던 주인에게 인사를 했다. 그러자 망건을 쓴 채 돋보기를 코끝에 걸친 주인이 물었다.

"천불대天不大야? 인불인仁不人이야?"

"천불대요."

그러자 주인이 고개를 빼고 황 진사를 위아래로 살펴봤다. 그러고는 다시 입을 열었다.

"조불백皂不白으로 하지."

"아이, 그러지 마시고 욱불일旭不日로 해주세요."

두 사람 사이에서 오가는 말들을 도통 알아들을 수가 없던 황 진사는 떨떠름한 표정으로 바라봤다. 그 후로 한참동안 얘기를 주고받았다. 그러다 돋보기를 벗은 주인이 말했다.

"그럼 태불윤兌不允으로 하세나."

"좋습니다."

반색을 한 사내가 돌아서서는 황 진사에게 말했다.

"저분이 물건을 보여줄 겁니다."

몸을 일으킨 주인이 퇴청 옆에 난 지게문을 열고 나와서는 상점 안으로 들어갔다. 주인이 구석의 나무상자를 열더니 비단들을 차례차례 꺼냈다.

시장의 사생아

단박에 눈에 띄는 화려한 옷차림과 말솜씨로 무장한 이 남자는 바로 여리꾼이다. 상점 앞에 늘어서서 손님을 기다린다는 뜻의 열립군列立軍에서 유래된 명칭이다. 남들의 눈에 띄어야 하기 때문에 독특하고 화려한 옷을 입었다고 전해진다. 그리고 위 이야기에서 여리꾼이 주인과 얘기를 나눌 때 썼던 알아들을 수 없는 말은 변어邊語라고 불리는 일종의 암호였다. 여리꾼은 손님과 상점주인 사이의 거래를 성사시켜주고 대가를 받는 일종의 중개인이었다. 따라서 손님 모르게 상점주인과 가격을 조정해야 했기 때문에 이런 독특한 암호어가 쓰였던 것이다. 주로 한자의 자획을 이용한 파자跛者를 썼는데 시전마다 차이가 있었다고 한다. 이야기 속 여리꾼과 상상점주인이 변어로 나눈 대화를 풀어내면 다음과 같다.

주인: 한 명천불대이야. 두 명인불인이야? 天에서 大의 자획을 빼면 一이 남고, 仁에서 人의 자획을 빼면 二가 남는다

여리꾼 : 한 명천불대이요.

주인 : 자네 구전은 7푼조불백으로 하지. 皂에서 白의 자획을 빼면 七이 남는다

여리꾼 : 그러지 말고 9푼욱불일으로 해주세요. 旭에서 日의 자획을 빼면 九가 남는다

주인 : 그럼 8푼태불윤으로 하세나. 兌에서 允의 자획을 빼면 八이 남는다

헌종 10년인 1844년 한산거사가 쓴 〈한양가〉에는 여리꾼의 모습과 함께 시장의 모습을 엿볼 수 있는 부분이 남아 있는데 여기서도 여리꾼은 단연 눈에 띄는 존재였다.

"큰 광통교 넘어서니 육주비전 여기로다.
일 아는 열립군과 물화를 맡은 시전 주인은
큰 창옷에 갓을 쓰고, 소창옷에 한삼 달고
사람 불러 홍정하니 경박하기 끝이 없다"

오늘날 삐끼의 조상격인 여리꾼의 탄생은 시장의 탄생과 깊은 연관이 있다. 조선은 유교를 국교로 정하고 농업을 근본으로 삼았다. 하지만 도읍을 한양으로 옮기고 성곽과 궁궐을 건설하면서 종로 거리에 시전 행랑을 함께 만들었다. 천여 칸이 넘는 행랑을 만들어놓고 상인들로 하여금 장사를 하게 했다는 것은 위정자들이 한양이라는 도시에 걸맞은 규모의 시장이 있어야 한다는 사실을 인정했음을 보여준다. 일단 궁궐이나 관청에서 필요한 물품들을 공급받기 위해서라도 시장이 필요했다. 따라서 국가에서 직접 통제하기 위해서 시장을 건설하고 세금을 받는 쪽을 선택한 것이다.

종로의 행랑 건물들은 대개 2층으로 지어졌는데 1층은 상점, 2층은 창고였다. 주인은 물건들은 대개 창고나 상점 안 깊숙한 곳에 넣어두고 1층 상점 한쪽에 있는 퇴청이라는 공간에 앉아서 손님을 기다렸다. 주인이야 물건을 안전하게 간수할 수 있겠지만 손님 입장에서는 어디로 가야 하고 얼마가 필요한지 도통 알 수 없어서 곤혹스러웠다. 이런 문제점을 없애기 위해서 조정에서는 간판을 달 것을 지시했다.

> "경시서에서 각 상점의 이름을 판자에 쓰고, 판매하는 물품을 그 아래에 아울러 그려서 각 처소에 걸어 서로 섞이지 않게 하기를 청하였다."
>
> 태조 3년(1394년) 1월 18일자 《실록》에서

그렇지만 여전히 손님들은 원하는 물건을 찾기 위해서 낯선 시장을 배회해야 했다. 여리꾼은 그런 양쪽의 간격을 메워주는 역할을 했다. 화려하게 차려입은 여리꾼은 시전을 어슬렁거리면서 물건을 찾아 헤매는 손님을 매의 눈으로 짚어냈다. 그리고 넉살좋게 말을 붙이면서 무엇이 필요한지 묻고는 자신이 거래하는 상점으로 데려갔다. 이들은 물건이 필요한 손님과 팔아야 하는 상점주인 간의 거래를 성사시켜주고 얼마간의 이득을 챙겼다. 이 와중에 어수룩해 보이는 손님에게는 양쪽이 짜고 바가지를 씌우거나 가짜를 넘겨주는 일도 벌어졌다.

여리꾼은 난전 형태의 이현이나 칠패 시장보다는 종로 쪽에서 활동한 것으로 보인다. 이들이 누구였는지에 대한 기록은 현재 남아 있지 않다. 상점에서 일하는 점원이나 주인의 아들이었을까? 상점에 소속된 점원이었다면 굳이 변어를 써가면서 자신에게 얼마가 떨어질지 계산할 필요는 없었을 것이다. 그리고 상점주인의 아들은 상점을 이어받을 준비를 해야 했다. 임진왜란과 병자호란이 지나면서 조정에서는 시장의 독점권을 인정해주고 그 대가로 물품이나 세금을 받는 쪽으로 변한다. 이런 방식을 취하면 상점마다 일일이 세금을 걷는 번거로움을 피할 수 있을뿐더러 많은 재정수입을 올릴 수 있었다. 시전 상인들도 돈을 내는 대신 독점권을 인정받을 수 있었기 때문에 새로운 제도를 반겼다. 그래서 취급품목별로 도중都中이라는 일종의 협동조합을 구성했다. 이들에게는 육의전이라는 명칭이 붙었지만 여섯 개의 상점이 아니라 여섯 개의 조합이라는 표현이 더 어울릴 듯하다. 시장상황이 독점체제로 변하면서 시전 상인들의 지위는 차츰 세습제로 변해갔다. 따라서 시전 상인의 아들들은 어린 나이부터 상점에 나와서 일을 배워야 했다. 그런 와중이니 여리꾼 노릇을 할 수는 없었을 것이다.

그렇다면 장사를 하다가 망해서 가게 문을 닫고 나선 경우나 종업원으로 일하다가 어떤 사정으로 인해 길거리로 나와야 했던 경우가 해당된다고 볼 수 있다. 어쨌든 화려한 복장이라든지 변어 구사 능력을 생각하면 보통 사람들이 쉽게 뛰어들 만한 직업은 아니었다. 그리고 중개인이라면 거간꾼이 조선 초기부터 활동했다. 이들과 여리꾼의 차이점은 무엇일까? 가장 큰 차이점은 누굴 상대하느냐다. 여리꾼이 소비자를 상대했다면 거간꾼은 도매상을 주로 상대했다. 이들은 경강상인이라고도 불리는 객주와 시전 상인을 연결시켜주는 역할을 했다. 또한 집이나 소 같은 특정 상품을 전문적으로 취급했다. 여리꾼이 단순히 손님이 필요한 물건을 확인하고 해당 상점에 안내해주는 역할에 그쳤다면 거간꾼은 좀 더 적극적으로 거래에 개입했다. 취급하는 물건이 고가라서 많은 중개료가 떨어지기 때문이다. 아울러 거간꾼 중에는 객주 밑에서 일하는 내거간이 상당수 있었다. 거간꾼이 중개인이라는 느낌을 준다면 여리꾼은 손님에게 바가지를 씌우는 약삭빠른 사기꾼 같다는 인상을 줄 수밖에 없었다. 오늘날 삐끼들에게 쏟아지는 사회적인 시선과 묘하게 일치하는 것이다.

다른 중개인과 상인들

상업이 발달하면서 다양한 형태의 중개인들이 등장했다. 그 중에 집의 매매를 중개해주는 거간을 집주릅 혹은 '가쾌'라고 불렀다. 영조시대 길거리 스타였던 달문이 감옥에 갇혔다가 풀려났을 때 만난 표철주는 한때는 흥청망청 돈을 쓰던 무뢰배였다. 하지만 나이가 들고 재산이 없어지면서 집주릅 노릇을 하면서 생계를 이어갔다.

중개인들의 공통점은 큰돈이나 거처가 필요 없다는 점이다. 거래를 성사시킬 만한 신용과 인맥, 그리고 부지런함을 갖추고 있으면 큰돈은 못 벌더라도 입에 풀칠은 할 수 있었다. 그야말로 하층민에게 안성맞춤인 직업인 셈이다. 가쾌라는 직업은 상당히 오랜 역사를 자랑하는데 한양이라는 도시가 이동이 잦았다는 점을 감안하면 당연한 일일지도 모르겠다. 과거에 합격한 양반은 지방에서 서울로 올라와야 했고, 번상을 하는 군인이나 노비, 기생도 한양에 거처를 마련해야 했다. 양반들의 문집을 보면 집을 통째로 사기도 했고, 방을 빌려서 생활하기도 했는데 도와줄 일가친척이 없다면 가쾌에게 의지하는 수밖에는 없었다.

집의 매매 과정은 현재와 매우 유사하다. 거래가 성사되면 계약서를 쓰고 선금을 주고받은 후에 초가집은 보름, 기와집은 20일 안에 나머지 잔금을 치르고 들어갔다. 여기서 재미있는 사실은 새로 매매계약이 체결되면 구매자가 담배를 사서 가쾌와 집주인은 물론 이웃 사람들에게 돌렸다는 것이다. 요즘은 많이 없어졌지만 이사를 오면 이웃집에 떡을 돌리는 것과 유사한 풍습으로 보인다. 담배가 떡으로 변한 것일까?

가쾌가 집의 매매를 도와주고 받는 중개료는 얼마였을까? 신택권이 정조의 명을 받들어 지은 〈성시전도시城市全圖詩〉에는 한양의 다양한 모습이 그려지고 있는데 여기에서 가쾌가 천 냥짜리 집을 중개해주고 수수료로 백 냥을 받았다고 언급한 부분이 있다. 짐작하는 대로 가쾌는 부동산 중개소라는 간판으로 오늘날까지 살아남아서 우리 곁에 남아 있다.

관영시장이라고 할 수 있는 시전 외에 한양 밖에 칠패와 이현 시장이 성장하고 송파에도 시장이 생기면서 '중도아'라고 불리는 일종의 중간 도매상이 등장했다. 시전에서는 금난전권을 내세워서 칠패와 이현을 비롯한 송파 시장을 압박했지만 이들은 원산지에서 올라오는 물품들을 독점하는 방식으로 맞섰다. 여타 중개인들과는 달리 자신의 자본을 가지고 물건을 사고팔았던 중도아의 등장은 시전 상인들의 독점체제가 막을 내렸음을 의미했다.

시전 상인들이 금난전권을 내세워서 행패를 부릴 때에도 쉽사리 건드리지 못하는 난전들이 있었다. 바로 훈련도감 군인들이 하는 난전이었다. 군인인 이들이 장사판에 뛰어든 이유는 조선의 허약한 재정 때문이었다. 국방력을 키우기 위해 훈련도감을 창설하고 상비군을 두었지만 이들에게 줄 급료가 부족했던 것이다. 결국 해결책 아닌 해결책으로 장사를 하는 것을 허락해줬다. 이들은 급료로 받은 면포를 비롯해서 주 거주지인 왕십리 일대에서 가족들이 재배한 채소들을 판매했다. 난전이긴 하지만 군인들이 관리하였기 때문에 시전 상인들도 쉽게 건드리지 못했다. 장사에 재미를 들린 군인들은 군기점고가 있을 때만 잠깐 군영에 들어갔다가 돌아오는 일을 반복하면서 본격적인 장사판에 뛰어들었다.

가볼 만한 곳

육의전 터 표지석

탑골공원의 삼일문 왼쪽에 육의전 터 표지석이 있다. 육주비전이라고도 불렸으며 협동조합이라고 할 수 있는 도중을 구성해서 나라에 세금을 바치는 대신 난전, 즉 무허가 시장을 단속할 수 있는 금난전권이라는 권한을 부여받았다. 하지만 이들의 단속으로 인해 상인들의 생계가 위협받고 물가가 올라가자 정조는 금난전권을 폐지했다.

육의전 박물관

당연한 얘기지만 현재 서울에서 운종가의 모습을 볼 수 있는 곳은 없다. 마지막으로 남은 피맛골도 재개발로 인해서 거의 사라진 상태다. 종각역과 종로3가역 사이에 있는 육의전빌딩 지하에 육의전 박물관이 있다. 이곳에서 건물을 세우다가 발견된 육의전 유적들을 볼 수 있다. 아울러 매년 청계천 일대에서 육의전 체험축제가 열리고 있다.

11

전기수傳奇叟

이야기 들려주는 남자

살인을 부르는 이야기

정조 17년1793년 1월의 어느 날.

희정당으로 불려온 이덕무가 공손하게 절을 하고 바닥에 깔려 있는 털방석 위에 앉았다. 옥좌 위에 앉은 정조 임금은 어제 그가 바친 자송문自訟文을 읽는 중이었다. 이덕무는 임금이 자송문을 다 읽을 때까지 꼼짝도 못하고 앉아 있었다. 보름 넘게 앓고 있던 감기 때문에 정신이 몽롱했지만 꾹 참았다. 자송문을 다 읽은 임금이 이덕무에게 물었다.

"그대는 짐이 왜 자송문을 지어서 바치라고 했는지 아느냐?"

"신이 심히 어리석고 미욱하여 차마 알지 못했나이다."

할 말은 많았지만 이덕무는 참는 수밖에 없었다. 임금이 아니었다면 서얼 출신으로 규장각 검서관은 꿈도 꾸지 못했을 것이기 때문이었다.

"문체는 곧 그것을 쓰는 선비의 마음가짐이나 다름없는 법. 자고로 문학은 육경을 으뜸으로 옛 경전들을 토대로 해야만 하느니라. 무릇 선비된 자는 거기에 담긴 것들을 토대로 나라와 백성을 돌보고 후세에 이름을 떨치는 것이 당연한 일이거늘, 한낱 저자거리에서 떠도는 패관과 잡서, 그리고 서학에 빠져서 문체가 정결하지 못하게 된 것이 하루이틀이 아니니다."

시작은 2년 전이었다. 성균관 유생 이옥이 과거에 응시하면서 쓴 문구가 정결하지 못하다고 화를 낸 것을 시작으로 조정 대신들이 쓴 글들을 하나하나 읽고서 패관잡기류의 문구가 발견되면 어김없이 죄를 물었다. 남공철과 김조순 같은 대신들은 물론이고 그와 박제가, 그리고《열하일기》를 쓴 박지원까지 질책을 받은 후에 반성문인 자송문을 바치게 했다. 부여군수로 내려가 있던 박제가는 어찌 문체까지 관여하느냐고 화를 냈지만 임금의 은혜를 마음 깊이 새기고 있던 그는 어서 자송문을 바치라는 편지를 며칠 전에 보냈다. 이덕무가 아무 말 없이 고개를 숙이고 있자 임금이 눈빛을 반짝거렸다.

"일전에 짐이 그대에게 칼에 찔려 죽은 전기수 얘기를 했던 적이 있더냐?"

들은 기억이 났지만 딱히 할 말이 없었던 이덕무는 아니라고 대답했다. 그러자 임금이 입을 열었다.

"일전에 어떤 전기수가 종로의 절초전切草廛, 담배를 잘게 썰어서 파는 상점 앞에서 〈임경업전〉을 사람들에게 들려주고 있었다. 그러다 임경업이 역적 김자점의 무고로 목숨을 잃게 되는 대목에 이르자 갑자기 듣고 있던 구경꾼 중 한 명이 너무 흥분한 나머지 담배 써는 작두를 들고 전기수를 무참히 난자해 죽이고 말았다. 패관잡기의 무해함이 이와 같은데 어찌 바라볼 수만 있겠느냐."

"신이 미처 깨닫지 못했습니다."

얘기를 들은 이덕무가 고개를 조아리면서 말하자 임금은 흡족한 표정을 지었다.

"잘못을 깨닫고 다시 하지 않겠다고 맹세했으니 짐이 그대를 믿겠다."

"성은이 망극하옵니다."

이덕무는 몇 번이고 죄송하다는 말을 하고 나서야 희정당을 나설 수 있었다. 일어나는데 몸이 천근만근이었다. 다행스럽게도 눈치 빠른 상선내시가 옆에서 부축해줘서 겨우 밖으로 나올 수 있었다.

소설은 불온하다

실제로 이덕무는 문체가 바르지 못하다고 해서 자송문을 지어 바치라는 정조의 명을 받았지만 미처 제출하지 못하고 1793년 1월 25일 세상을 떠났다. 원래 몸이 약하기도 했지만 자송문을 쓰라는 임금의 명이 그의 정신과 육체를 심하게 괴롭혔던 것 같다. 지금 관점으로 보면 글을 쓰는 문체 가지고 임금이 이래라저래라 하는 게 우스워 보이지만 당대에는 심각한 문제였다. 적어도 정조에게는 말이다. 그가 얘기한 담배를 썰던 작두에 난자당해 죽음을 당한 전기수의 이야기는 실제로 벌어진 사건인지 아니면 정조가 근본 없는 소설의 무해함을 일깨워주기 위해 지어낸 것인지 알 수 없다. 하지만 이덕무의 《청장관전서》에 남아 있는 걸 보면 직접 들려준 것은 확실하다.

정조는 죽기 전까지 문체 반정을 지속적으로 추진했다. 훗날 세도정치의 문을 연 김조순을 비롯해서 박지원까지 당파를 가리지 않은 많은 관리들에게 반성문을 제출하라는 지시가 떨어졌다. 아울러 패관잡기류의 수입을 금지시키기도 했다. 그리고 이런 문체반정의 핵심 아닌 핵심에는 이야기를 들려주는 남자, 전기수가 자리 잡고 있었다.

사실 조선시대에 책은 쉽게 접할 수 있는 물건이 아니었다. 하지만 임진왜란과 병자호란이 이후 안정기에 접어들고, 여항 혹은 이향이라고 불리는 저자거리의 문화가 꽃을 피우면서 사정이 달라졌다. 책이 양반의 전유물에서 벗어나 중인과 평민의 벗이 된 것이다. 그러나 인쇄술이 발달하지 않았던 시대여서 여전히 책은 고가의 물건이었다. 덕분에 서적 중개인이자 도매상인 책쾌가 등장했고, 거의 비슷한 시기에 전기수가 본격적으로 선을 보였다.

책이 흔해지고 문맹률이 바닥인 지금 시점에서는 이해가 안 가는 일이지만 TV나 인터넷이 없던 조선시대에는 이야기를 듣는 것이 사람들의 호기심을 채워주는 주요 오락거리 중에 하나였다. 최근 오디오북이 다시 등장한 것만 봐도 역시 사람들에게는 듣는 것에 대한 욕구가 내재되어 있음을 알 수 있다.

그렇다면 전기수는 어떤 방식으로 이야기를 들려주었을까? 조선 후기를 수놓은 중인 출신의 시인 조수삼이 쓴《추재집》에는 전기수의 모습이 생생하게 담겨 있다.

《추재집》에서 소개된 전기수는 동대문 밖에 살고 있는데 패관, 그러니까 소설들을 줄줄이 외우고 있었다고 한다. 주로 〈숙향전〉이나 〈심청전〉, 〈소대성전〉이나 〈설인귀전〉처럼 잘 알려진 소설들을 들려주었다. 전기수는 새로운 손님들을 만나기 위해서 한군데에 머물지 않고 계속 자리를 옮겨 다녔다. 첫째 날은 첫 번째 다리 밑에 자리를 잡았고, 둘째 날은 그 다음번 다리, 셋째 날은 이현, 넷째 날은 교동 입구, 다섯 째 날은 대사동 입구, 여섯 째 날에는 종루 앞에서 이야기를 들려주었다고 한다. 그리고 다음 날부터는 반대로 움직이는 방식이었다.

주로 다리나 절초전 혹은 약방같이 사람들이 많이 오가거나 모이는 곳에서 자리를 잡고 이야기를 들려준 것이다. 그러면 구경꾼들은 걸음을 멈추고 전기수가 들려주는 이야기에 귀를 기울였다. 여기서 중요한 것은 책을 읽어주는 것이 아니라 통째로 외워서 들려줬다는 점이다. 그것도 한두 가지 이야기가 아니었으니 얼마나 많은 시간 동안 공을 들여 외웠을지 짐작이 간다. 거기다 단순히 들려준다는 것만으로는 부족했다. 같은 내용을 들려준다고 해도 사람마다 전달력에 차이가 나는 것처럼 유독 이야기를 맛깔스럽게 들려주는 사람이 있다. 어떤 때는 목소리의 높낮이를 다르게 해서 마치 두 사람이 대화를 하는 것처럼 보이거나 간단한 손짓발짓으로 그 장면을 상상하게 해준다. 그런 측면에서 보자면 전기수는 단순한 이야기꾼이 아니라 일종의 예능인이라고 볼 수 있다.

전기수는 이런 식으로 재미나게 얘기를 들려주다가 돌연 중요한 대목을 앞두고 입을 다물어버렸다. 그러면 답답하고 궁금해진 구경꾼들이 다투어 돈을 냈다. 돈이 어느 정도 쌓였다 싶으면 다시 이야기를 들려주었다.《추재집》에는 이 방법을 요전법이라고 소개했다. 이런 방식으로도 충분히 먹고살았던 것을 보면 조선시대 사람들이 얼마나 전기수가 들려주는 이야기에 심취했는지 짐작이 가고도 남는다.

전기수들의 활약으로 여항은 늘 이야기가 넘쳐흐르는 곳이 되었다. 전기수들은 한양에만 있지는 않았다. 지방에도 장날이 되면 구석에 자리 잡고 보부상들과 손님들에게 맛깔스럽게 이야기를 들려주는 전기수들이 한둘씩 있었다고 전해진다. 또한 전기수의 무대는 저자거리에 한정되지 않았다. 지금도 책의 주요 소비 계층이 젊은 여성인 것처럼 당시에도 규방 부인들은 이야기를 소비하는 주요 계층이었다. 따라서 부녀자들의 모임에 전기수가 초대를 받아서 가는 경우가 많았다. 한 집에 거주하는 노비들도 함부로 들어갈 수 없는 안채를 드나들기 위해서 여장을 하는 경우도 많았다고 한다.

누가 전기수가 되었을까?

역사 속에 남은 유명 전기수를 꼽아보면 이업복과 이자상 그리고 김호주 같은 인물이 있다. 이업복은 겸인, 즉 청지기 출신으로 알려져 있다. 서얼이라고 언급된 것으로 봐서는 양반의 첩에게서 태어나 청지기 노릇을 했던 것 같다. 이자상의 경우에도 출신을 알 수는 없지만 총명하고 기억력이 뛰어나다는 평이 따랐다. 많은 책을 읽었는데 특히 소설류는 빼놓지 않고 읽었다고 전해진다. 그는 길거리에서뿐 아니라 재상가에도 드나들면서 이야기를 들려주는 것으로 명성을 떨쳤다. 하지만 재주에 비해서 돈을 모으는 능력은 없었는지 항상 가난해서 남의 집에 얹혀 살았고, 군문에 형식상 소속되어서 적은 봉급을 받았다고 전해진다.

나머지 인물들의 출신 성분은 잘 알려져 있지 않지만 어쨌든 글을 읽을 줄 알아야 했기 때문에 양반집 서자나 중인 출신으로 보인다. 글을 읽을 줄 알았지만 전기수 노릇을 했다면 지극히 불운한 지식인으로 추정된다. 그러나 그들은 많은 인기를 누렸다. 김호주라는 전기수는 10년 동안 일해서 모은 돈으로 집을 샀다고 하니까 돈도 제법 벌었던 모양이다. 이업복의 경우에도 그의 이야기를 듣고 감동을 받은 중인 서리 부부가 양자로 삼다시피 돌봤다고 전해진다.

이들은 인기를 끌면서 적지 않은 구설수에 올랐다. 이업복은 자신을 돌봐주던 서리 부부의 딸을 겁탈했고, 여자로 분장하고 사대부 여인들에게 이야기를 들려주던 어떤 전기수는 그녀들과 정을 통하다가 발각이 돼서 포도대장 장붕익에게 은밀히 죽임을 당했다고 전해진다. 물론 전문적인 전기수는 아니고 박물장수나 의원 노릇을 하면서 드나들었다고는 하지만 가뜩이나 소설이 불온하다고 봤던 이들에게는 좋은 빌미가 되었다. 따라서 당대에는 많은 인기를 누렸다고는 하지만 한쪽에서는 음란하고 근본 없는 자들이라는 비난도 받았을 것으로 보인다.

그래도 전기수는 남들이 누리지 못한 행운 한 가지를 누렸다. 조선시대의 여타 직업들이 개항과 근대화 그리고 일제강점기를 거치면서 소멸되어갔지만 그들은 살아남았다는 점이다. 근대화의 물결 속에서도 이야기의 가치는 소멸되지 않았기 때문이다. 경성으로 바뀌면서 극장들이 우후죽순으로 생겨나 활동무대가 없어진 한양과는 달리 지방의 장터에는 여전히 전기수들이 활약했다. 일제강점기가 되면서 딱지본이라고 불리는 소설책들이 판매되기 시작했는데 책장수들이 호객을 위해서 손님에게 책의 내용을 들려주거나 읽어주는 경우도 있었다.

그렇지만 일제강점기 시절 전기수의 진정한 후예는 변사라고 볼 수 있다. 초창기 영화들은 모두 소리가 없는 무성영화였고, 중간중간 대사를 보여주는 방식으로 내용을 전달했다. 하지만 익숙하지 않은 외국어였기 때문에 관객들은 누군가의 도움이 필요했다. 그래서 극장의 스크린 한쪽에 마련된 작은 무대에서 양복 차림의 변사가 영화의 대사 혹은 진행상황을 들려주었다. 변사들은 때로 영화보다 더 큰 인기를 누렸는데 일제강점기에 세워진 우미관과 단성사 같은 극장에는 몇 명의 변사들이 소속되어 단순히 영화 내용을 들려주는 정도가 아니라 직접 쇼를 진행하기도 했다. 그 옛날 전기수가 단순히 얘기를 들려주는 것이 아니라 감정을 실어서 청중에게 들려주는 방식처럼 말이다.

변사들 중에는 특히 단성사의 서상호가 큰 인기를 끌었다. 일본에서 중학교를 졸업한 그는 경찰 보조원으로 일하다가 변사로 데뷔했다. 말솜씨가 뛰어났으며 그는 막간을 이용해서 다리 사이에 고무로 된 경적을 끼워 넣고 춤을 추는 뻥뻥이춤으로 인기를 얻었다.

하지만 유성영화가 등장하면서 변사의 전성시대도 곧 종말을 맞이했다. 극장 입장에서는 변사를 더 이상 쓰지 않아도 되었고 결국 변사들은 극장에서 하나둘씩 쫓겨나면서 자취를 감추게 되었다. 최고의 변사였던 서상호는 아편 중독자로 전락해서 1937년 우미관 화장실에서 숨을 거뒀다. 그의 초라한 죽음은 변사의 몰락을 상징

했다.

광복 이후에도 살아남은 소수의 전기수들은 1960년대까지도 지방의 장날에 어느 구석에 자리를 잡고 앉아 구수한 옛날이야기를 들려줬다. 아이들에게 동화를 구연해주는 것도 어떤 의미에서는 전기수와 유사하다고 볼 수 있다.

가볼 만한 곳

창덕궁 희정당

소설은 불온하다고 여긴 정조가 이곳에서 절초전 앞에서 이야기를 하던 중에 칼에 찔려 죽은 불행한 전기수의 얘기를 이덕무에게 들려주었다. 한말과 일제강점기를 거치면서 구조가 많이 변경되었다.

서울역사박물관

서울의 역사를 한눈에 볼 수 있는 서울역사박물관 3층에 가면 운종가의 모습을 재현해 놓은 대형 미니어처가 있다. 단순한 미니어처가 아니라 조명이 켜지면서 이곳에서 무엇을 사고팔았으며 어떤 사람들이 있었는지를 음성으로 설명해준다. 그중에는 전기수에 대한 설명도 들어 있다. 그런데 듣는 사람들이 적은 걸 보면 실력이 별로였나보다.

12

책쾌冊儈

지식을 팝니다

책을 사고팔다

유만주는 청지기로부터 책쾌가 찾아왔다는 얘기를 듣고 읽던 책을 덮었다. 잠시 후 창호문이 열리고 늙은 책쾌가 사랑방으로 들어왔다. 책쾌가 조심스럽게 고개를 조아린 채 무릎을 꿇고 앉자 유만주는 보료에 기댔던 몸을 앞으로 기울였다.

"지난번에 얘기했던 대로《통감집람通鑑輯覽》과《한위총서漢魏叢書》를 구하고 싶어서 불렀네."

그러자 책쾌는 턱수염을 손으로 쓰다듬으면서 골똘히 생각에 잠겼다. 아마 어느 집에 무슨 책이 있는지 떠올리고 있는 것이리라. 한참 생각하던 책쾌가 대답했다.

"둘 다 구하기 어려운 책입니다. 다음번 사신이 갈 때 역관을 통해 구하는 게 좋겠습니다."

유만주는 크게 실망했지만 구할 책은 더 있었다.

"그럼 《경산사강瓊山史綱》이나 《정씨전사鄭氏全史》는 어떤가?"

질문을 받은 책쾌가 금방 입을 열었다.

"《경산사강》 역시 구하기 어렵기는 매한가지입니다. 《정씨전사》의 경우에는 세자전의 장서각에 있다는 소문은 들었습니다만 소인도 실물을 보지는 못했습니다. 지난번에 《김씨전서金氏全書》를 구한다고 하지 않으셨습니까?"

"그렇다네."

"서씨 집안에 있는 걸 확인했습니다. 며칠 전에 가서 가격을 여쭤봤더니 사만 문을 달라고 하셔서 아무 얘기도 못하고 물러났습니다."

너무 높은 가격에 유만주는 고개를 저었다. 그리고 문득 생각난 표정으로 물었다.

"참, 《절강서목浙江書目》을 보여줄 수 있겠느냐?"

"가져왔사옵니다."

책쾌가 품속에서 작은 책 한 권을 꺼내 서탁 위에 올려놨다. 유만주는 돋보기를 꺼내서 책을 천천히 들춰봤다. 물끄러미 바라보고 있던 책쾌가 설명을 했다.

"사정전과 같은 각본으로 찍은 겁니다."

"이런 각본으로 찍은 것을 구하고 싶네. 소설이든 뭐든 가격이나 수량은 상관없이 말일세."

"힘써보겠습니다만 쉽지 않을 겁니다, 나리."

"아무튼 애써주게."

눈치 빠른 책쾌가《절강서목》을 챙기면서 말했다.

"품질이 좋은《송판경서宋板經書》를 한 권 구했습니다. 어떠십니까?"

원한 책은 아니었지만 구미가 당긴 유만주가 조심스럽게 말했다.

"다음에 올 때 가지고 오면 보고 생각해보겠네."

"그리하겠습니다. 소인이 평택 쪽을 다녀와야 해서 열흘 후쯤 들릴 것 같습니다. 그때 책을 가져오겠나이다."

공손히 대답한 책쾌가 일어나서 사랑방을 빠져나갔다. 10여 년 전《명기집략明紀輯略》에 연루된 책쾌들이 100여 명이나 몰살당했지만 끈질기게 살아남아서 돌아다니고 있다. 물론 여전히 책을 찾는 선비들과 중인들 때문이기는 했지만 말이다.

지식 도매상

조선시대에는 지금과 같은 유형의 서점이 없었기 때문에 원하는 책을 구할 수 있는 방법이 극히 한정적이었다. 책쾌의 등장은 이런 시대적 요청에 부응한 것이다. 다시 말해 책에 대한 욕구가 광범위하게 커져갔다는 것을 의미한다. 양반들이 읽고 싶어 하는 책을 구해주거나 사고파는 일을 중개해주는 일은 비교적 이른 시기부터 있었던 것으로 보인다. 유희춘이 쓴 《미암일기眉巖日記》를 보면 16세기 중반에 이미 양반집을 돌면서 책을 판매하거나 구매하는 일을 했던 책쾌 송희정과 박의석의 이름이 보인다. 하지만 이 시기 책쾌의 활동은 지극히 한정적이었던 것으로 보인다.

변화의 계기를 맞이하게 된 것은 상업과 화폐경제가 발달한 17세기 후반 이후로 이른바 '중산층'이 생겨나면서부터였다. 이들은 정치적으로는 신분차별에 반대하는 통청운동을 벌였고, 문화적으로는 여항문학이라는 것을 일궈냈다. 지식 욕구가 늘어나면서 책에 대한 수요도 급증했다. 따라서 이전에는 양반만을 상대했던 책쾌들은 다른 고객들을 상대하게 되면서 변신을 꾀하게 되었다.

오늘날에는 책을 사려면 인터넷으로 주문하거나 서점에 가서 검색한 다음에 계산을 하면 된다. 관련 정보는 인터넷이나 신문에서 얼마든지 찾아볼 수 있다. 사전 준비 없이도 서점에 가면 직접 책을 만져보고 읽어보면서 판단할 수 있다. 하지만 조선시대에는 그것이 불가능했다. 근대에 들어서기 전까지는 책을 모아서 파는 서점이 존재하지 않았다. 최초의 금속활자를 만든 고려의 뒤를 이어 출판 선진국이었던 조선에서 책의 유통망이 나타나지 않았다는 점은 매우 의아하다. 아마도 책의 인쇄와 출판을 전적으로 정부에서 맡았기 때문일 것이다. 나라에서 필요한 책들은 《심청전》이나 《임경업전》이 아니라《삼강행실도》 같은 책들이었기 때문이다.

책 수요가 늘면서 자연스럽게 책쾌들도 바빠졌다. 다른 물건들도 마찬가지지만 잘 팔기 위해서는 그것이 누구에게 언제 필요한지 명확하게 알아야 한다. 더군다나 책은 수요자와 공급자, 그리고 무엇보다도 책 자체에 대해서 잘 꿰고 있어야 했다. 그래야 누군가에게 필요한 책을 어디 가면 구할 수 있는지 단번에 알아차리고 움직일 수 있기 때문이다. 따라서 문자를 해독할 수 있는 능력을 물론이고 주요 수요층이라고 할 수 있는 지식인들과 얘기를 주고받을 정도의 지식을 가지고 있어야 했다. 또한 판매하거나 구매하려는 책에 대한 정보도 가지고 있어야 했다. 광대한 인맥과 대인관계에 책에 대한 지식까지 가지고 있어야 했으니 단순히 먹고사는 직업으로만 선택했다면 참으로 고달프고 힘들었을 것이다. 하지만 역사에 이름을 남긴 책쾌들은 돈보다는 직업을 사랑한 것으로 보인다.

정약용이 쓴 〈조신선전曹神仙傳〉에는 책을 사고팔던 책쾌 조생에 대한 이야기가 나온다. 조생이라는 명칭조차 생원이라고 높여 부르는 데서 출발했으니 집안 내력이나 이름, 과거 등은 전혀 알려져 있지 않다. 아마 그런 미스터리가 그를 더욱 유명하게 만들지 않았나 싶다.

그는 꽤 오랫동안 책쾌 노릇을 해온 덕분에 한양에서는 그를 모르면 간첩이라고 할 정도로 유명했다. 그는 날이 밝으면 종로와 피맛골은 물론 구석구석을 돌아다니면서 책을 사고팔았다. 돌아다니면서 배운 것도 많았는지 누구와 어떤 주제를 가지고 얘기를 해도 부족함이 없었다. 조생은 항상 책을 가득 안은 채로 바쁘게 돌아다녔는데 책을 팔아서 돈을 손에 쥐면 즉시 주막으로 달려가서 취할 때까지 술을 마셨다. 하지만 아무도 그가 어디서 잠을 자고 밥을 먹는지 알지 못했다. 추위와 더위에 아랑곳하지 않고 늘 같은 차림이었다는 걸 보면 자나 깨나 책밖에는 생각하지 않은 듯했다. 누가 나이나 사는 곳을 물으면 늘 엉뚱한 대답으로 회피했다. 언젠가는 누가 그에게 왜 그렇게 고생스럽게 책을 사고파는 일을 하는지 물었다. 그는 대답은 장엄했다.

> "비록 내가 가지고 있는 책들은 없지만 머릿속에는 그 책이 누구 손에 몇 년 동안 있었는지 잘 알고 있다오. 그리고 누가 그 책을 지었는지, 그리고 어느 판본이고 누가 주석을 달았는지도 꿰고 있으니까 말이오. 그러니까 그런 책들은 모두 내 책이란 말이오. 세상에 책이 없다면 나는 더 이상 뛰거나 술을 마실 수 없었을 것이외다. 그리고 나에게 책을 사서 읽어서 출세한 집안이 손자대에 와서 몰락해서 책을 도로 파는 일을 종종 보게 되오. 어리석은 자들은 어리석은 자들끼리 모이고, 현명한 자들은 자기들끼리 모이는 법이지요. 책을 사고팔면서 세상이 어찌 흘러가는지 어떤 이치로 움직이는지 알았다오. 그러니까 죽을 때까지 책을 사고파는 일을 할 것이오."

나이도, 그리고 사는 곳과 이름도 종잡을 수 없었던 책쾌 조생의 이야기는 깊은 울림이 있다. 아울러 행적을 보면 책에 대한 광적인 집착이 느껴진다. 정약용을 비롯한 당대의 지식인들이 조생에 관한 기록들을 남겨놓은 것을 보면 꽤 인상적으로 비춰졌던 것으로 보인다. 조수삼은 그가 자신이 어렸을 때 봤던 모습과 하나도 달라진 게 없다면서 늙지 않는 기이한 사람이라고 얘기했다.

아울러 주문을 받고 책을 구하는 수동적인 자세를 넘어서 적당한 책을 추천하는 경우도 있었을 것이다. 신분제가 엄격한 조선시대에 책쾌들과 선비들 사이에서 자연스럽게 이런 이야기가 오고갈 수 있었던 것은 역시 책이라는 특별한 매개체 때문이었다.

이러한 책쾌를 단순히 서적 도매상이나 중개인으로만 볼 수는 없다. 수요가 많은 책, 특히 아녀자들이 좋아하는 패관소설의 경우에는 필사를 해서 빌려주기도 했다. 수요가 많아서 필사할 수 없는 책들은 민간에서 직접 목판을 찍어서 발행하기도 했다. 방각본 혹은 방간본이라고 불리는 이 판본들이 나오고 세책점이라고 부르는 대여업이 시작된 데는 책쾌의 역할이 필수적이었다. 책을 필사하고 빌리는 과정에서 어떤 책이 잘 나가는지 그리고 어떤 이야기에 관심이 있는지에 대한 정보들도 전해줬을 것이기 때문이다. 어찌 보면 단순한 중개인이 아니라 마케터와 편집자, 그리고 기획자의 역할까지 모두 했다고 볼 수 있다. 조생도 그렇고 어찌 보면 지식의 흐름에 일조하는 통로 역할을 했다고 볼 수 있다. 하지만 영조 47

년인 1771년, 한참 잘나가던 책쾌들에게 끔찍한 비극이 닥쳤다. 명나라에서 건너온 한 권의 책《명기집략》때문이었다.

피바람이 불다

"《명기집략》에 들어간 내용들을 살펴보게 했는데 마침내 잘못된 내용이 들어 있었다. 임금이 승지를 시켜 금상문에 나가게 하여 잘못된 내용이 적혀 있는 부분을 먼저 세초하게 한 뒤에 불태우도록 하였다."

영조 47년(1771년) 5월 21일자《실록》에서

《명기집략》은 1696년 청나라 학자 진건이 쓴《황명통기》를 바탕으로 주린이 쓴 역사서이다. 조선 사람이 쓴 책도 아닌 청나라 사람이 쓴 책 때문에 피바람이 분 이유는 그 책에 조선에 관해서 언급한 부분들이 지극히 잘못 서술되어 있었기 때문이다. 어떤 부분인지는 자세하게 나와 있지 않지만 홍대용이 보낸 편지에 따르면 광해군이 착하고 어진 임금이었고 반정을 일으킨 인조가 나쁜 인간이라고 묘사된 식이다. 아울러 서궁에 유폐되었던 인목대비가 인조와 손을 잡고 쿠데타를 일으켰다는 식의 엉뚱한 내용이 적혀 있었다. 심지어 인조가 쿠데타에 성공한 후 광해군을 묶어서 산 채로 불속에 던졌다는 내용도 있다. 아울러 이성계를 이인임의 아들이라고 기술하고 여러 임금을 시해했다는 내용까지 들어 있었다. 뒤의 내용은《대명회전》에 기록된 내용으로 조선 입장에서는 반드시 바로 잡아야 했다. '종계변무宗系辨誣'라고 불리는 이 문제를 해결하기 위해 조선은 200년 동안 거듭 청원한 끝에 선조 때에야 겨우 바로잡을 수 있었다. 이 일에 관여한 사람들은 모두 광국공신에 책봉되었다.

끝났다고 생각한 문제인데 버젓이 잘못된 내용이 다시 떠돌고 있으니 영조가 불같이 화를 낼 법도 했다. 그를 더 화나게 만든 문제는 이 책이 청나라를 드나들던 역관 등을 통해서 이미 조선에 들어왔다는 점이었다. 임진왜란과 병자호란을 겪으면서 많은 책들이 소실되었다. 이를 보충하기 위해 사신이 청나라에 갈 때마다 베이징의 서점거리인 유리창에서 책을 구해서 가지고 들어오는 와중에 함께 들어온 것으로 보인다.

왕실의 정통성 문제와도 깊은 연관이 있었기 때문에 영조는 즉시 청나라에 사신을 보내서 항의하는 한편 책을 소지하고 유통시킨 자들을 잡아들였다. 5월 26일, 영조는 건명문으로 나아가《명기집략》을 가지고 있던 이희천을 문초했다. 아울러 그에게 문제의 책을 판 책쾌 배경도도 함께 붙잡혔다. 두 사람을 심문한 영조는 청파교에서 목을 베어 강변에 매달아놓고 가족들은 모두 흑산도로 유배를 보내버렸다. 영조의 분노가 얼마나 거셌는지 이 문제를 처음 고발한 박필순조차 귀양을 보냈다. 그사이 자수령이 내려지면서 10여

명이 넘는 사람들이 《명기집략》을 바친 것을 보면 생각보다 광범위하게 읽혔던 것으로 보인다.

책을 가지고 있던 사람들이 모두 책쾌에게서 구입했다고 진술하자 바야흐로 철퇴가 떨어지고 말았다. 영조는 문제의 책을 유통시킨 책쾌 여덟 명을 모두 붙잡아서 흑산도로 보내 종으로 삼게 했다. 학자들은 시범케이스로 처형당한 이희천이 노론계의 인물이었다는 점을 토대로 당시 집권세력인 노론에 대한 경고 내지는 견제의 의미가 담겨 있다고 해석한다. 이런 해석은 영조의 사위인 박명원도 이 책을 가지고 있었지만 아무런 처벌을 받지 않았다는 점 때문에 더욱 무게를 얻는다.

아울러 영조가 이 문제를 조사하면서 유독 책쾌들을 가혹하게 처벌한 것을 알 수 있다. 《실록》에 이 문제에 연루되어서 죽은 책쾌가 100여 명에 달한다는 기록이 남아 있다. 이 정도 숫자라면 한양의 책쾌들은 거의 전멸당했다고 보아야 할 것이다. 관련 기록들을 살펴보면 정조의 문체반정처럼 영조 역시 백성과 지식인들이 통치에 방해가 되는 불온서적을 접하거나 읽는 것을 크게 경계했음을 알 수 있다. 이 사건 역시 다분히 그런 움직임에 제동을 걸기 위해 일으킨 것으로 보이는데 그 탓에 책을 유통하던 책쾌들만 애꿎은 죽음을 당하고 말았던 것이다.

아마 영조는 책쾌들을 무더기로 처형했으니 한동안 두 발을 뻗고 잘 수 있을 것이라고 믿었을 것이다. 하지만 이 사건으로 인해 모든 책의 거래가 수면 아래로 잠기게 되었으며, 결과적으로 수요자들이 더욱 책쾌에게 의존하게 만들어버렸다. 시대적 흐름을 강한 처벌이나 규제로 막을 수가 없었던 것이다. 정조 역시 문체반정을 통해 제동을 걸려고 했지만 결국 실패하고 말았다.

책과 더불어 산 인생

조생은 조신선이라는 별명답게 이 난리 통에서 슬쩍 몸을 숨겨 살아남았다. 그리고 몇 년 후에 다시 한양으로 돌아와 예전처럼 품속에 책을 넣고 이리저리 뛰어다녔다. 그러면서 자연스럽게 사람들의 눈에서 사라져버렸다. 신선이 되어서 책의 천국으로 날아간 것일까? 조생 이후에도 많은 책쾌들이 활약했다. 그러다 근대에 접어들면서 이들을 위협할 만한 신문물인 인쇄기가 들어왔다. 아울러 그 인쇄기로 서적을 찍는 출판사가 생겨났다.

출판사의 탄생은 서점의 등장을 불러왔다. 그리고 이들이 신문 등을 통해서 독자들을 직접 유치하면서 발로 뛰는 책쾌들을 점차 밀어냈다. 설 자리를 점점 잃게 된 책쾌들은 서점을 차리든지 아니면 이동식 서점을 운영하는 쪽으로 변신을 꾀했다. 마지막 책쾌라고 불리는 송신용의 경우에는 광복 이후에도 활동한 것으로 보인다. 그는 간송 전형필과 더불어 우리 문화재가 일본으로 유출되는 것을 막기도 했다.

요즘 시대를 출판의 위기라고 부른다. 책을 자유롭게 사볼 수 있는 시대에 오히려 위기가 찾아온 것이다. 그것은 예전과는 달리 책을 통하지 않고도 다양한 경로를 통해 필요한 지식과 정보를 얻을 수 있게 되었기 때문이다. 하지만 책이 가지고 있는 근본적인 지적 충족감은 다른 곳에서 맛보기 힘들 것이다.

가볼 만한 곳

헌책방

책쾌는 일정한 장소가 아니라 양반집 문턱을 드나들면서 책을 사고팔았다. 따라서 책쾌의 흔적을 찾아보기란 어렵다. 비슷한 이미지라고 한다면 아마도 책을 팔기도 하지만 사들이기도 하는 헌책방 정도가 아닐까 한다. 한때 서울 시내에 수백 개에 달했던 헌책방은 이제 손에 꼽을 정도만 남았다. 동묘역 3번 출구 쪽에 형성된 벼룩시장 거리에는 헌책방이 몇 군데 남아 있다. 아울러 부산의 보수동 골목에는 헌책방 거리가 남아 있는데 입구에는 헌책방 거리를 상징하는 동상이 세워져 있다. 부산과 동묘 모두 가기 멀다면 신촌과 홍대 중간에 있는 '숨어있는 책', 줄여서 '숨책'이라고 부르는 곳도 가볼 만하다.

청주 고인쇄박물관

조선 후기 책쾌의 탄생은 책의 대량생산이 가능해졌기 때문이다. 책이 대량으로 만들어진 것은 인쇄기술의 발달 덕분이다. 직지의 고장 청주에는 고인쇄박물관이 있다. 이곳에는 우리나라 금속활자의 발달 과정과 역사에 대해서 알 수 있는 자료들이 충실하게 전시되어 있다. 또한 실물 크기의 인형들이 금속활자의 제작과정을 시연해서 보여준다.

13

장빙업자藏氷業者

얼음으로 돈을 벌다

한강 풍경

세종 6년1424년 12월 8일.

해가 뜨자 한강변에 사람들이 하나둘 모습을 드러냈다. 한겨울의 강변은 눈을 뜰 수 없을 정도로 추웠지만 방한모인 이엄을 쓴 채 앞장선 예조의 관리들은 오히려 기쁜 표정이었다. 몸을 돌린 그가 뒤따라오던 장빙군藏氷軍, 얼음을 캐서 저장하던 임무를 맡은 군인 혹은 백성들에게 외쳤다.

"날이 풀리기 전에 어서 얼음을 뜨거라."

솜저고리와 솜바지 차림의 장빙군들은 얼어붙은 한강 위를 조심스럽게 올라갔다. 선두에 선 사내들이 얼음 위로 짚을 엮은 새끼줄을 던져 미끄러지는 것을 막았다. 조심스럽게 앞으로 나아간 장빙군들은 각기 나눠져서 적당한 곳에 자리를 잡고 가지고 온 짚을 바닥에 깔고 일을 시작했다. 그들은 그사이 도끼와 끌로 얼음에 구멍을 낸 다음 탕개톱으로 얼음을 잘랐다. 탕개톱이 얼음을 잘라내면 예조의 관리들이 돌아다니면서 잔소리를 했다.

"얼음이 녹지 않으려면 두께가 네 치, 크기는 여섯 척 이상이어야 하느니라."

"자른 얼음들은 즉시 수레에 싣거라."

여기저기서 잘려진 얼음이 갈고리에 찍혀 끌어올려져 짚보다 질긴 칡으로 꼰 새끼줄에 묶여서 끌려 나갔다. 강변에는 얼음을 실어 나를 수레들이 기다리고 있었다. 사내들이 끌고 온 얼음을 이끼가 깔린 수레 위에 올리면 다른 장빙군들이 재빨리 갈댓잎과 이끼로 얼음을 감쌌다. 그렇게 차곡차곡 얼음이 쌓이면 수레는 둔지산에 있는 서빙고로 향했다. 수레가 잘 움직일 수 있도록 미리 눈을 치워놓은 길에는 짚과 모래가 뿌려져 있었다. 강가에는 모닥불이 여기저기 피워져서 몸을 녹일 수 있도록 했고, 제생원에서 파견 나온 의원들이 일하다가 물에 빠진 장빙군들을 돌봤다. 시간이 흐르고 구름이 열어지면서 해가 모습을 드러내자 서두르라는 관리들의 재촉이 이어졌다.

"해가 뜨기 전에 일을 마치면 주상전하께서 큰 상을 내리신다고 했으니 빨리빨리 서둘러라."

얼음을 자르는 일이 익숙해지면서 제법 많은 얼음덩어리들이 강변에 쌓이기 시작했다. 겨울 햇빛에 얼음이 녹을까 걱정이 된 관리들이 쌓인 얼음 위에 갈대와 이끼를 덮었다. 초조하게 겨울 해를 올려다보던 예조의 관리들은 서빙고쪽에서 걸어오는 다른 관리를 보고는 얼은 고개를 숙였다.

"어서 오십시오. 장빙사藏氷使, 얼음을 채취하는 일을 총괄하던 관리 나리."

"수고들 많네. 서빙고에 얼음이 거의 다 찼으니 일을 마무리하시게."

"알겠습니다."

여기저기 흩어진 예조의 관리들이 일을 마무리하라고 외치자 장빙군들이 장비를 챙겨서 강가의 모닥불로 몰려들었다. 얼어붙은 손과 몸을 녹이느라 법석을 떠는 사이 강가에는 조촐한 음식들이 마련되었다. 자리가 펴지고 술과 생선이 든 광주리가 군데군데 놓여졌다. 장빙사가 불을 쬐고 있던 장빙군들에게 외쳤다.

"주상전하께서 너희들을 위로하고자 술과 음식을 내렸다. 감사하는 마음으로 먹고 마시거라."

환성을 올린 장빙군들이 자리에 앉아서 술을 마시고 음식들을 나눠먹었다. 어느덧 뜬 겨울 해가 얼음이 군데군데 잘려나간 한강과 강가에 모여서 음식을 나눠먹는 장빙군들을 내려다봤다.

서빙고동의 유래

장빙군들은 이런 일이 1,000년 전에도 있었고, 500년 뒤까지 이어지리라고는 상상도 하지 못했을 것이다. 《삼국사기》의 《신라본기》에는 한겨울에 얼음을 채취해서 보관했다는 기록이 남아 있다. 아울러 한강에서의 얼음 채취는 1960년대까지 이어졌다. 장빙군들이 캔 얼음을 저장하던 서빙고가 있던 둔지산 일대는 아예 서빙고동이라는 지역명이 붙어버렸다. 서빙고와 함께 옥수동의 두모포에 동빙고가 설치되었고, 궁궐 안에도 내빙고를 두고 얼음을 보관했다.

이 얼음들을 깨내기 위해서 매년 겨울에 장빙군이라는 이름으로 징발된 백성들이 한강변에서 얼음을 캐내야 했다. 추위와 미끄러짐을 막기 위해서 얼음 위에 짚이나 칡으로 꼰 새끼줄을 깔았다. 얼음은 톱으로 잘라서 채취했는데 녹는 것을 막기 위해 두께가 12센티미터에 크기는 180센티미터라는 일정한 규격으로 자른 것을 1정丁으로 삼았다. 기록에는 나와 있지 않지만 장빙군들은 몇 명으로 팀을 짰고, 몇 정을 채취하는 식으로 할당이 주어졌을 것이다. 임금, 특히 마음씨 좋은 세종은 한겨울에 얼음을 캐내야 하는 위험하고 고된 일을 해야 하는 장빙군들을 위해서 술과 음식을 하사하고 의원들을 보내서 돌보도록 했다.

하지만 징발된 장빙군들에게는 분명 두 번 다시 하고 싶지 않은 힘든 일이었다. 조선 초기의 장빙군들은 주로 연호군, 즉 해당 지역의 백성들 중에서 징발한 인원으로 충당된 것으로 보인다. 수가 부족하면 관청에 속한 노비나 군인들을 차출하기도 했다. 보통은 부역을 하기 위해 한양에 올라온 지방의 농민들을 이용하는 경우가 많았지만 얼음을 캐내고 운반하는 일은 매우 어렵고 전문적인 일이라서 익숙한 해당 지역 주민들에게 맡겼던 것으로 보인다.

혹자는 조선시대에 웬 얼음이냐고 생각할 수도 있다. 하지만 더위를 참을 수 없는 것은 예나 지금이나 다름없다. 특히 냉장고가 없었기 때문에 음식이 쉽게 상했고, 이것을 막기 위해서 소금에 절이거나 얼음을 써야 했다. 빈번하게 제사를 지냈던 조선시대에는 기껏 준비한 제사음식들이 반나절 만에 상해버리는 걸 막기 위해서라도 반드시 얼음이 필요했다. 따라서 조선시대에도 얼음 수요가 막대했고, 그것을 감당하기 위해서 한겨울에 얼음을 캐서 여름까지 보관해야 했다. 궁궐에 있는 내빙고를 제외한 동빙고와 서빙고가 모두 한강변에 위치한 이유도 캐낸 얼음을 최대한 빨리 보관하기 위해서였다.

빙고마다 저장된 얼음의 목적이 달랐는데 서빙고의 경우에는 대신들에게 나눠주기 위한 얼음이 들어 있었고, 동빙고는 왕실 제사를 위해서 존재했다. 창덕궁의 요금문 앞에 있었다고 전해지는 내빙고는 당연히 왕실에서 쓰기 위해서 얼음을 저장한 곳이었다. 서빙고는 13만 덩어리, 동빙고는 1만 덩어리, 그리고 내빙고는 2만 2,000덩어리를 보관했다. 얼음은 2월 춘분에 개빙제를 지내고 3월 초부터 나눠지기 시작해서 10월까지 이용되었다.

이렇게 캐내어 보관한 얼음은 누구에게 나눠졌을까? 얼음을 분배하는 것을 반빙이라고 부르는데《경국대전》에 의하면 명확하게 대상자가 규정되어 있다. 일단 왕실과 고위대신들을 비롯해서 주요 관리들은 물론 궁궐에서 바쁘게 일하는 환관과 퇴직한 늙은 관리에게 주어졌다. 거기다 활인서에 입원한 환자들과 심지어 전옥서에 갇힌 죄인들에게까지 배분되었다. 물론 왕실과 관리, 그리고 죄수와 환자들에게 지급되는 시기와 얼음의 크기는 각기 달랐다. 얼음을 채취하고 관리하는 일은 예조의 빙고라는 기관이 담당했으며 서빙고와 동빙고를 관리하는 빙부라는 별도의 인원을 두었다.

얼음 관리는 매우 엄격했는데 규정된 양의 얼음을 가져가기 위해서는 빙패 혹은 패빙이라고 불리는 패를 가지고 있어야 했다. 따라서 조선시대라고 해서 한여름에 얼음을 아예 못 보는 것은 아니었다. 그렇다면 냉장고가 없던 이 시절에 어떻게 한여름까지 얼음을 보관했을까? 얼음을 보관하던 석빙고 유적을 보면 그 비밀을 알 수 있다.

처음에는 나무로 방을 만들어서 생솔가지와 갈대, 짚을 이용해서 얼음이 녹는 것을 막았다. 하지만 나무로 만든 빙고는 자주 수리를 해야 하고 얼음이 빨리 녹아버렸기 때문에 돌로 지은 석빙고로 바뀌었다. 나무로 짓는 것보다 몇 배는 힘들었지만 자주 손을 보지 않아도 된다는 장점 때문이었다. 하지만 2005년 충남 홍성에서 발견된 목빙고 유적에서 확인할 수 있듯이 짓기 편하다는 장점 때문에 목빙고도 계속 사용된 것으로 보인다.

남아 있는 석빙고와 목빙고를 보면 대략 반 지하 형태로 지어졌다는 사실을 알 수 있다. 석빙고의 천정은 아치형으로 만들었고 지붕은 무덤처럼 잔디를 입혀서 최대한 열의 침투를 막았다. 천정에는 두세 개의 환기구를 만들어놨는데 문을 열 때 유입된 더운 공기가 밖으로 빠져나가도록 만드는 역할을 했다. 환기구에는 빗물이 들어가지 않게 지붕이나 뚜껑을 세웠다. 빙고 내부에는 배수로를 만들어놔서 녹은 얼음물이 한쪽으로 흘러가도록 만들어놨다. 아마 빙고 내부에 얼음을 차곡차곡 쌓아놓고 갈대나 짚을 얼음 사이에 끼워 넣거나 주변을 감싸서 최대한 녹는 것을 막은 것으로 보인다.

빙고는 동서빙고와 내빙고만 존재했던 것은 아니었다. 경주와 안동 등에 석빙고 유적이 남아 있으며 다산 정약용이 쓴《경세유표》에 곡산부사 시절 새로운 방식의 얼음 저장법을 테스트한 것으로 봐서는 지방의 관청에서도 각기 필요한 얼음을 채취해서 저장한 것으로 보인다.

얼음의 민영화

이렇게 조선 전기에는 국가가 얼음을 채취하고 관리했으며 분배까지 책임졌다. 하지만 조선 후기 들어서 상황이 크게 변한다. 임진왜란과 병자호란을 거치면서 국가의 통제력이 약화되어서 장빙군의 징발이 힘들어졌다. 아울러 한양 인구가 늘어나고 상업이 발달하면서 얼음 수요가 급증했다. 특히 어물전과 푸줏간에서는 많은 양의 얼음이 필요했는데 나라에서 채취한 얼음은 사용처가 분명하게 정해져 있기 때문에 민간에서 사용하기 어려웠다. 특히 한강이나 다른 곳에서 잡은 생선을 얼음으로 저장한 다음 운반하는 빙어선이라는 일종의 냉장선까지 등장하면서 얼음의 수요는 급증했다. 따라서 개별적으로 채취해서 보관했다가 판매하는 사례들이 늘어났다. 이들은 사빙고라고 불리는 별도의 저장공간을 만들어놓고 얼음을 채취해서 저장했는데 관청에서 채취한 얼음보다 몇 배나 많았다고 한다. 조정에서는 이들을 통제하기 위해서, 그리고 이들은 얼음을 독점하기 위해서 손을 잡았다. 이들을 빙계라고 불렀는데 주로 시전의 상인이나 장빙군으로 차출되던 강가의 백성들 중 일부로 구성된 것으로 보인다.

빙계에서 조정에서 필요한 얼음을 공급해주는 대신 얼음의 독점사용권을 허가받는 방식으로 변한 것으로, 간략하게 설명하면 국유화에서 독점 허가제로 바뀐 것이다. 빙계가 조선 초기의 장빙군 역할을 대신한 것인데, 아마 빙계를 구성한 상인들이 돈을 내서 일꾼들을 동원한 것으로 보인다. 이들 외에도 양반들도 얼음 사업에 뛰어들었는데 이들을 반호라고 불렀다. 이들은 아마 집에서 부리는 노비들을 이용해서 한강의 얼음을 채취해서 사빙고에 보관했다가 판매를 하는 방식으로 이익을 남긴 것으로 보인다. 한강변에만 빙계와 반호들이 세운 사빙고가 30군데가 넘었다고 전해진다. 지방의 양반들이 주로 토지와 노비에 의지해서 재산을 늘리거나 유지했다면 한양의 양반들은 이렇게 다양한 이권 사업에 뛰어들어서 재산을 늘려나갔다.

얼음 값에 따라 생선과 고기의 가격이 움직일 정도가 되어버리자 탐을 내는 사람들이 늘어났는데 대표적인 경우가 바로 조선시대 재벌이라고 할 수 있는 경강상인들이었다. 경강상인이라고 불리는 이들은 처음에는 한강 근처에서 자그마한 숙박업소나 나룻배를 운영하던 이들이었다. 그러다 차츰 자본을 모으면서 유통망을 장악해나갔다. 육상 운송이 발달하지 않았던 조선시대에는 지방에서 거둔 세곡들을 비롯해서 대부분의 물류 운송이 배를 통해서 이뤄졌는데 최종 목적지인 한양으로 들어오기 위해서는 반드시 한강을 거쳐야만 했다. 모든 길이 로마로 통했던 것처럼 모든 물길은 한강으로 이어진 것이다. 따라서 한강을 장악한 경강상인들의 세력은 날로 커져가서 한양의 물가를 좌지우지할 지경이 되어버렸다. 그런 경강상인들이 황금알을 낳는 거위나 다름없어진 얼음에 눈독을 들이는 것은 당연했다. 이들은 빙계와는 달리 정부 허가를 받지 않은 채 얼음 사업에 뛰어들었다. 이들은 '장빙업자'라고 불렸으며 양반들의 권세를 이용하기 위해서 반호들과 손을 잡았다.

정조 시기 벌어진 빙계와 장빙업자와의 갈등은 얼음이 얼마나 큰 이득을 남겼는지 짐작하게 해준다. 강희맹의 후손인 강경환은 대대로 합정에 사빙고를 두고 얼음 채취 사업을 벌였던 대표적인 반호였다. 강경환은 이씨 성을 가진 양반과 손을 잡고 막대한 돈을 들여서 얼음을 모아서 저장했다. 이때 빙계와 합작을 하고 이익을 나누기로 했는데 아마 채취 과정에서 협조를 받거나 캐낸 얼음들을 보관하는 사빙고를 임대한 것으로 보인다. 이렇게 얼음을 독점한 강경환과 이씨는 막대한 이득을 남겼지만 애초 약속과는 달리 빙계와 이익을 나누지 않았다. 이에 격분한 빙계는 독점권을 포기한다는 배수진을 친 채 한성부에 소송을 제기했다. 한성부는 빙계의 손을 들어주었다. 그리고 빙계와 장빙업자들의 영업지역을 나누는 방식으로 양쪽을 중재했지만 어느 누구도 눈앞에 있는 막대한 이권을 포기하지 않았다.

빙계는 반호와 장빙업자를 따돌리고 얼음 판매권을 독점해나갔다. 하지만 이에 반발한 장빙업자들이 격쟁 등을 통해 억울함을 호소하면서 결국 내빙고에 얼음을 공급할 권리를 제외한 빙계의 얼음 독점권은 없어지고 말았다. 빙계에서도 격쟁 등을 통해서 독점권을 유지해줄 것을 청원했지만 기각되고 말았다. 요즘으로 치면 얼음 사업이 '민영화'가 된 셈이다.

그렇다면 얼음을 사용하던 소비자들은 민영화의 이익을 얻었을까? 기록에는 자세하게 나와 있지 않지만 그랬을 가능성은 희박하다. 애초에 빙계의 독점권에 도전한 장빙업자의 배후에는 돈을 노린 양반들이 있었으며, 이들의 목적 역시 얼음의 독점권이었다.

2012년 개봉된 영화 〈바람과 함께 사라지다〉에서는 장빙업자가 좌의정과 손을 잡고 얼음 독점권을 손에 넣은 후 막대한 이익을 손에 넣는 장면이 그려진다. 영화의 재미를 위해서 과장한 측면이 있긴 하지만 빙계와 장빙업자, 그리고 반호가 다투는 이유 역시 경쟁을 배제하고 이익을 독점하기 위해서였다. 사빙고의 전성시대가 찾아왔지만 가진 자들의 잔치판이 되었을 뿐이다.

빙고 제도가 1898년 폐지되고 서빙고와 동빙고, 내빙고는 흔적도 없이 사라져버렸지만 사빙고는 반세기 넘게 살아남았다. 1960년대에는 신문과 뉴스에서 한강 얼음을 채취해서 소가 끄는 수레에 싣는 모습을 심심찮게 볼 수 있었다. 하지만 냉장고와 냉동고가 도입되고 한강의 오염이 가속화되면서 이들 역시 자취를 감추고 말았다. 이제는 오직 서빙고동이라는 지역명만 남았다.

가볼 만한 곳

동빙고 터 표지석, 사한단 터 표시석

서울 옥수역 7번 출구로 나와서 오른쪽 대각선에 보이는 옥수현대아파트 정문에는 동빙고가 있었음을 알리는 표지석이 세워져 있다. 왕실에서 사용하는 얼음을 보관했던 곳이다. 동빙고 터 표지석 옆에는 얼음을 채취할 때 제사를 지내던 사한단 터 표지석이 있다.

경주 석빙고, 홍성 목빙고

경주시 인왕동의 석빙고가 잘 보존되어 있다. 1738년 나무로 만든 석빙고를 몇 년 후에 위치를 옮기면서 지금 남아 있는 것처럼 돌로 바꿔서 지었다. 반지하 형태이며 천정은 아치형이고, 배수로가 설치되어 있는 등 전형적인 조선시대 석빙고의 형태를 보여준다.

2005년 충남 홍성군 오관리 아파트 신축현장에서 국내 최초로 목빙고 유적이 발견되었다. 빙고재라고 불린 언덕에서 발견된 이 유적은 언덕의 경사면을 굴토해서 만든 것으로 길이가 20미터가 넘고 넓이도 5미터에 달하는 거대한 규모를 자랑한다. 벽과 계단은 돌로 막았으며, 배수로의 흔적도 확인되었다. 현재는 발굴지 근처로 이전 복원되어 있다.

14

재담才談꾼

시대를 풍자하다

이야기 주머니

"이야기 주머니가 왔대." 관철교 밑에서 꾸벅꾸벅 졸던 거지 아이는 다리 위를 쿵쾅거리며 뛰어가는 어른들의 목소리에 눈이 번쩍 띄었다. 아침부터 아무것도 먹지 못해 온몸에 힘이 없었지만 이번에는 꼭 이야기 주머니라고 불리는 김옹의 재담을 듣고 싶었다. 꼬르륵거리는 배를 움켜쥐고 다리 위로 올라온 아이는 왁자지껄하게 떠들며 뛰어가는 사람들의 뒤를 따랐다. 다행히 다리 건너편의 개천변이라 많이 걷지 않아도 되었다.

이야기가 이미 시작이 되었는지 구경꾼들 사이에서 웃음이 터져 나왔다. 사람들 사이를 파고들려고 했지만 좀처럼 빈틈이 보이지 않았다. 펄쩍 뛰어봤지만 어림도 없었다. 다급해진 아이는 바닥을 기어서 안으로 파고들었다. 겨우 앞으로 나서자 커다란 돌에 걸터앉은 노인의 모습이 보였다. 찌그러진 갓에 구멍이 숭숭 뚫린 도포 차림의 노인이었다. 소문대로 중후한 모습이 아니라서 실망했지만 김옹이 입을 여는 순간 아이는 정신없이 빠져들었다.

"옛날 경상도 땅에 어느 부자가 살았는데 대대로 만석꾼이었으니 집안이 평안하고 동네 사람들이랑 잘 지냈다고 하더이다."

"거참, 부럽구만."

괴나리봇짐을 맨 선비가 한숨을 쉬면서 중얼거렸다. 손에 쥔 부채를 딱 펼쳤다가 눈 깜짝할 사이에 접어버린 김옹이 곰살맞은 표정으로 구경꾼들을 바라봤다.

"그 부자의 먼 일가친척 중에 패악무도한 떠돌이가 있었는데 어느 날 불현듯 나타나서는 한다는 말이 우리 모두 같은 조상을 두고 있는데 너는 이렇게 부자로 살고 나는 가난하게 살고 있다는 것이 어찌 이치에 맞겠느냐. 재산의 반을 내놓지 않으면 가만두지 않겠다라고 광패한 말을 늘어놓지 뭡니까."

여기저기서 탄식과 욕설이 쏟아져 나왔다. 그러자 히죽 웃은 김옹이 부채로 찌그러진 갓을 툭 치더니 말을 이어갔다.

"그놈이 하도 행패를 부리고 위협을 하니까 참다못한 부자가 그놈을 끌고 한양으로 올라가서 형조에 하소연을 했답니다. 소인은 경상도에 사는 아무개 부자인데 먼 친척뻘인 저놈이 저에게 재산의 반을 내놓으라 협박을 하고 집에 불까지 놓으려고 했답니다. 참다 못해서 천리 길을 걸어서 찾아왔습니다. 부디 저 무도한 놈에게 벌을 내려주시기 바랍니다 하고 말이죠."

여기저기서 혀를 차면서 안타까워하는 소리가 들려왔다. 어느덧 이야기에 빠져든 아이는 바닥에 엎드려서 턱을 괴었다.

"경상도 부자가 얘기를 마치고 물러나 판결을 기다리는데, 아뿔싸! 그 패악무도한 친척이 일찍이 사방을 떠돌면서 세상물정을 잘 알던 놈이라 이리저리 뇌물을 써서 당상관부터 낭청이며, 서리에 형리까지 죄다 한통속으로 만들어버렸지 뭡니까. 자고로 눈치 있게 뇌물을 쓰면 못 이길 송사가 없다고 했으니 바로 이걸 두고 하는 말이 아닐까 싶소이다."

이야기가 절정에 달하자 김옹은 절절한 표정으로 당장이라도 눈물을 흘릴 것처럼 보였다. 그러자 구경꾼들이 함께 비통해했다. 그러면서 주머니를 열고 엽전을 한푼 두푼씩 던졌다. 깊은 탄식을 한 김옹은 부채를 꼭 쥔 채 이야기를 이어갔다.

"판결 날이 되자 아무것도 모른 경상도 부자는 부푼 기대감을 가지고 형조에 들어섰는데, 이게 웬일이냐. 당상관의 불호령이 떨어지는데 너는 부자가 되어가지고 가난한 친척을 돌보지 아니하니 어찌 죄인이 아니겠느냐. 당장 곤장을 치고 멀리 유배를 보내야 하지만 특별이 용서하니 친척과 재산을 나눠가지도록 하라고 분부하시니 마른하늘에 날벼락도 이런 날벼락이 없는지라. 황당한 부자가 억울한 사정을 아뢰려고 하는데 야차 같은 형리들이 득달같이 달려들어서 입을 막는지라. 그때서야 비로소 돌아가는 정황을 깨닫고 말았답니다."

작은 갓을 쓴 시전의 상인이 우울한 표정으로 맞장구를 쳤다.

"그럼 그렇지. 나도 비슷한 일을 겪어서 잘 알거든."

원통하다는 추임새를 몇 번 넣은 김옹은 돌연 눈을 반짝거렸다.

"경상도 부자가 속으로 이왕 일이 이렇게 된 이상 내 저놈들에게 깊은 망신을 주리라 생각하고는 짐짓 말하기를 송사에 졌지만 이왕 멀리 올라왔으니 우리 고장에서 떠도는 재미있는 얘기를 들려주겠노라 했답니다. 당상관이 해보라고 하자 부자가 입을 열었답니다. 옛날 옛날에 숲속에서 꾀꼬리와 뻐꾸기, 그리고 따오기가 살았답니다. 그런데 어느 날, 새들끼리 그만 시비가 붙었지 뭡니까? 무슨 연유인고 하니 서로 자기가 내는 소리가 가장 이쁘다고 한 겁니다. 시비가 길어지자 뻐꾸기가 말하기를 우리 이러지 말고 내일 날이 밝는 대로 이 숲에서 가장 공정하고 똑똑하다는 황새를 찾아가서 시비를 가리자고 얘기했답니다. 그리하여 세 마리 새들이 황새에게 찾아가기로 하고 헤어졌습니다. 그런데 따오기가 가만히 생각하기를 비록 큰소리를 치기는 했지만 내 목소리가 가장 처지는 것이 분명하니 수를 쓰는 게 좋겠다라고 한 겁니다."

"저런 저런, 사람이나 새나 똑같구만."

얘기를 듣던 어느 선비의 장탄식에 다들 고개를 끄덕거렸다. 그

사이 부채를 펼쳤다 접으면서 추임새를 넣은 김옹이 구경꾼들을 바라보면서 입술을 삐죽 내밀었다. 흡사 황새가 먹이를 쪼는 모습이라서 아이는 저도 모르게 피식 웃고 말았다.

"그래서 밤새 논두렁이며 웅덩이를 뒤져 황새가 좋아할 만한 개구리며 올챙이 같은 것들을 잔뜩 잡아서 바쳤답니다. 그러자 황새가 크게 기뻐하는데 그걸 본 따오기가 이번 송사에서 잘 봐달라고 청을 넣었답니다. 황새가 그리하마라고 대답하자 따오기는 기뻐하며 물러났는데, 마침내 날이 밝아오고 뻐꾸기와 꾀꼬리, 그리고 따오기가 황새를 찾아왔답니다. 뻐꾸기가 사정을 아뢰자 황새는 모른척하고 그럼 내 앞에서 울어보라고 했지요. 그러자 아무것도 모르는 뻐꾸기와 꾀꼬리는 혼신의 힘을 다해서 목소리를 내었는데 아름답기 그지없어서 나뭇가지에 앉아서 듣던 다른 새들이 감탄하였답니다. 하지만 따오기는 그저 꽥하고 울고 들어갔으니 누가 들어도 따오기가 가장 처지는 것이었습니다."

이야기가 절정에 이르자 던져지는 엽전의 숫자가 늘어났다. 김옹은 바닥에 떨어진 엽전들을 힐끔 보고는 이야기를 이어갔다.

"새들이 우는 소리를 듣던 황새가 말하기를 꾀꼬리의 목소리가 아름답기는 하나 애잔하여 쓸데가 없다고 하고 뻐꾸기의 목소리는 시원하고 깨끗하지만 궁상맞은 구석이 있다고 타박을 하였다더라. 그러고는 따오기를 불러서는 목소리가 웅장하니 가히 장판파에서 호령으로 백만대군을 물리친 장비의 기상을 닮았다고 입이 마르도록 칭찬을 하였답니다. 얘기를 마친 경상도 부자가 말하기를 미물인 새들조차 뇌물을 받고 그릇된 판결을 내리는데 사람이야 오죽하겠느냐면서 한양 구경 잘 하고 간다고 말하고는 형조를 나섰답니다. 졸지에 새만도 못하게 된 형조의 당상관이며 서리며, 형리들은 부끄러움에 고개를 들 줄 몰랐답니다. 참으로 기가 막힌 이야기지요?"

김옹의 이야기가 끝나자 숨을 죽이고 있던 구경꾼들이 우레와 같은 박수를 쳤다. 그리고 박수소리 사이로 엽전들이 떨어지는 소리가 들렸다. 김옹의 제자인 것 같은 떠꺼머리 총각 하나가 잽싸게 떨어진 동전들을 주워 담았다.

길 위에서 세상을 이야기하다

이야기꾼이 사람들 앞에서 중간중간 익살과 너스레를 떨면서 재미나게 이야기를 풀어나가는 광경은 18세기와 19세기 한양에서 흔하게 볼 수 있었다. 어쩌면 더 오래전부터 이런 식의 이야기꾼들이 존재했던 것으로 보이지만 전성기를 맞이한 것은 임진왜란과 병자호란의 상처가 어느 정도 가신 18세기 이후라고 할 수 있다. 사람들을 웃기고 울리는 해학과 풍자로 무장한 재담 혹은 고담이라고 불리는 이런 이야기 방식은 볼거리와 즐길 거리가 없던 민중에게 큰 사랑을 받았을 것이다.

조수삼은 자신의 책 《추재기이秋齋紀異》에서 늙은 재담꾼 김옹을 이야기 주머니로 소개했다. 아마도 무궁무진한 이야기로 사람들을 웃기고 울렸기 때문이리라. 특히《어면순禦眠楯》을 으뜸으로 삼았는데 잠을 쫓는 방패라는 뜻의 이 책은 연산군 때 학자인 송세림이 쓴 일종의 야담집이다. 자리가 자리인지라 질펀한 19금 이야기를 많이 들려준 것 같은데 아마도 이야기 초반 사람들의 눈길을 끌기 위해서 풀어낸 것 같다.

하지만 이야기를 들려준다는 측면을 놓고 보자면 재담꾼과 책을 읽어주는 전기수는 어느 정도 유사해 보인다. 여기에 결정적인 차이가 있었으니 전기수는 책을 읽어주면서 이야기에 집중했다면 재담꾼은 좀 더 엔터테인먼트적인 요소가 강했다. 단순히 이야기만 들려주는 게 아니라 끊임없이 웃음을 선사해야 했기 때문이다. 김옹은 그저 레퍼토리가 풍부했거나 19금 이야기를 잘해서 사랑을 받은 것이 아니었다. 그는 이야기를 하면서 손짓과 얼굴 표정 등으로 다양한 추임새를 넣어서 구경꾼들을 마음껏 웃기고 울리는 재주를 지녔다.

하지만 그는 단순하게 사람들을 웃기기만 하지는 않았다. 앞서 그가 얘기한 내용은 〈황새결송〉이라고 불리는, 당대의 세태를 잘 꼬집은 이야기다. 누가 지었는지는 모르지만 19세기에 한글로 쓰인《삼설기》라는 단편소설집에 수록되었다. 방각본이라고 불리는 목판에 한글로 인쇄가 되었다면 양반들보다는 일반 백성과 아녀자들이 주 독자층이었음을 짐작할 수 있다. 아마 김옹은 구경꾼들을 모아놓고《어면순》에 들어있는 음담패설로 시작해서 〈황새결송〉으로 얘기를 마무리지었을 것이다. 방각본으로 찍힐 만큼 널리 퍼진 이야기를 굳이 김옹을 통해서 듣고 열광했다면 그가 가지고 있는 어떤 울림 때문이었으리라. 〈황새결송〉은 뇌물을 받고 그릇된 판결을 태연하게 내리는 관리들과 그것 때문에 고통 받는 백성들의 심정을 잘 풍자해주는 이야기다. 오늘날 사람들이 촌철살인의 풍자극에 열광하는 이유와 유사하다고 볼 수 있다.

이렇게 재담꾼들은 단순히 재미있는 이야기를 들려주는 것이 아니라 백성들의 속을 시원하게 긁어주는 풍자를 통해서 계급과 세대를 아우르는 역할을 맡았다. 김옹 못지않게 인기를 얻은 재담꾼이 또 한 명 있었으니 오이무름이라는 별명으로 불린 김중진이다. 과농이라고도 불리는 오이무름은 오이를 푹 쪄서 초간장을 치고 생강과 후추로 버무린 음식인데 부드럽게 씹혀서 치아가 약한 노인들이 즐겨 먹었다. 정조 때 명성을 떨친 재담꾼인 그는 나이가 들기도 전에 이빨이 모두 빠져버려서 과농이라는 별명이 붙었다고 한다. 그는 우스꽝스러운 외모에 걸맞게 익살스러운 농담과 통속적인 이야기들을 잘 풀어냈다고 하는데 아마 김옹처럼 적당한 추임새를 넣어가면서 들려준 모양이다. 김중진도 세상 돌아가는 일들을 입에 올렸다고 전해지는데 김옹의 〈황새결송〉처럼 직접적으로 드러내는 대신 사람들이 가져야 할 도리와 인정에 대해서 논했다고 전해진다.《소은고》를 쓴 김희령이 과농의 이야기는 시대의 어지러움을 풍자한 것은 없지만 나름대로 깨우침을 주었다고 언급한 점에서도 두 재담꾼의 차이점을 알 수 있을 것 같다.

그가 즐겨 들려준 이야기는 세 선비의 소원이었다. 죽은 세 명의 선비가 저승으로 가서 옥황상제 앞에 서게 되었다. 옥황상제가 그들에게 소원을 말해보라고 하자 다들 머뭇거리다가 첫 번째 선비가 나서서 얘기를 꺼냈다.

"저는 이름난 명문집안에서 태어나 마음껏 공부를 해서 과거에 합격하여 높은 벼슬을 하고 역사에 이름이 남기를 원합니다."

그러자 옥황상제는 부하인 문창성文昌星, 북두칠성의 여섯 번째 별로서 학문을 주관한다고 전해진다이 아뢰기를 첫 번째 선비가 생전에 음덕이 있으니 소원을 들어주는 것이 마땅하다고 말한다. 그러자 옥황상제가 승낙을 하고는 두 번째 선비에게 소원을 물었다. 두 번째 선비가 기다렸다는 듯 말했다.

"사람이 살아가면서 가장 견디기 힘든 것이 궁핍한 것입니다. 저는 늘 낡은 옷에 거친 음식을 먹어야 했고, 배고픔에 고통 받는 아내와 아이들의 울음소리를 들어야만 했습니다. 부디 다음번에는 부잣집에서 태어나 많은 돈을 가지고 부모와 처자식을 돌볼 수 있게 해주소서."

두 번째 선비의 얘기를 들은 옥황상제가 사록司祿, 수명과 관작 같은 것들을 주관하는 별의 이름을 돌아보면서 의견을 물었다. 그러자 사록이 두 번째 선비에게 말하기를 살아생전에 겪었던 고난은 전생에 술과 여자에 빠져서 돈을 물 쓰듯이 하면서 부모와 조강지처를 외면했기 때문에 벌어진 일이라고 호통을 쳤다. 다만 그의 조상들이 공덕이 있으니 소원을 들어주는 게 좋겠다고 고한다. 옥황상제가 두 선비의 소원을 모두 들어주고 마지막 남은 선비에게 물었다.

"너는 무슨 소원을 빌겠느냐?"

그러자 마지막으로 남은 세 번째 선비는 무릎을 꿇고 말했다.

"신의 소원은 과거에 합격해서 이름을 남기거나 부자가 되는 것이 아닙니다. 다만 산과 물이 아름답고 조용한 곳에서 자그마한 논밭을 일구면서 아침저녁으로 배불리 먹고 정갈한 의복을 차려입고 싶습니다. 아울러 자식들이 큰 말썽을 부리지 않고 노비들도 말을 잘 들어서 골치 아픈 일이 없이 천수를 누리다가 병 없이 죽고 싶사옵니다."

앞선 선비들보다 더 없이 소박한 소원을 들은 옥황상제는 앉아 있던 의자의 손잡이를 쓰다듬으면서 중얼거렸다.

"그것은 청복이라고 불리는 소원이 아니더냐? 세상 사람들이 모두 원하는 것이지만 아무에게나 줄 수 없는 노릇이다. 마땅히 얻을 수 있다면 내가 먼저 차지해서 그런 삶을 누리고 싶구나."

평범한 삶이 더 위대하다는 깨우침이 담긴 이 이야기는 당연히 들어줄 것 같은 소원을 거절하는 반전을 통해서 사는 것에 대해서 돌아보게 만들어준다. 어쩌면 재담꾼들은 단순히 이야기를 재미있게 들려주는 광대가 아니라 풍자를 통해 세상의 부조리를 비판하는 지식인이자 평범한 삶을 돌아보게 만들어주는 멘토 같은 존재는 아니었을까? 김중진의 '세 선비의 소원'은 〈황새결송〉 못지않은 인기를 누리면서《삼설기》에 함께 수록되었다. 김옹이 촌철살인의 풍자로 인기를 끌었다면 김중진은 완전히 반대되는 스타일로 사람들의 눈길을 끌었던 것이다.

그러면 어떤 사람들이 재담꾼이 되었을까? 김옹이나 김중진에 대해서 언급한 기록들도 그가 무엇을 했던 사람인지에 대해서는 크게 관심을 기울이지 않았다. 하지만 이야기를 재미있게 풀어내야 하는 법을 연마해야 했으니 하층민보다는 글을 접할 수 있었던 중인이나 서자들이 아니었을까? 그것도 아니라면 남들 앞에서 이야기하기 좋아하는 시골 양반일 수도 있다. 그들이 어디에서 왔고, 무슨 일을 했든지 간에 백성들은 아픈 속을 시원하게 긁어주거나 삶을 돌아보게 만들어주는 재담꾼들을 사랑했다.

우리가 기억해야 할 또 한 명의 재담꾼은 박춘재다. 1893년에 태어난 그는 민요를 굉장히 잘 부르는 것으로 소문이 나서 고종에게 불려갔다. 그리고 고종 앞에서도 기죽지 않고 솜씨를 발휘한 탓에 별감으로 임명되었는데 고종과 스스럼없이 농담을 주고받을 정도였다고 한다. 그는 민요나 창뿐만 아니라 재담꾼이기도 했다. 특히 성대모사와 장님 흉내가 일품이었다고 전해진다. 한양에서 태어난 박춘재는 어린 시절 학문을 배웠지만 천성이 소리를 좋아하고 남을 웃기기를 즐긴 탓에 재담꾼이 되었다고 한다. 어쩌면 김옹이나 김중진 같은 재담꾼들 역시 한때는 부모의 기대를 받으며 학문을 배우던 이들이 아니었을까? 그러다 본인이 가장 잘 할 수 있는 웃음을 찾아서 거리로 나섰을지도 모른다.

재담꾼의 후예들

웃음에 대한 사람들의 갈망은 시대와 문명을 초월해서 늘 존재해 왔다. 그래서 개항과 일제강점기라는 급격한 변화 속에서도 만담이라는 타이틀로 명맥을 유지했다. 재담꾼이 단독으로 관객들에게 선을 보였다면 만담은 두 사람이 앙상블을 이뤘다. 아울러 길거리 대신 악극의 형태로 무대에 올라서게 되었지만 특유의 해학과 풍자는 잃지 않았다. 연극배우 출신의 신불출은 일제강점기라는 어둡고 암울한 현실을 풍자하는 연극과 만담으로 큰 인기를 누렸다. 당시 보급되기 시작한 음반에 만담을 담은 '만담음반' 역시 불티나게 팔렸다. 종로의 축음기 가게에서 신불출의 만담이 흘러나오자 길을 가던 60대 노인을 비롯한 행인들이 걸음을 멈추고 낄낄거리며 웃었다는 신문기사를 보면 어느 정도 인기를 누렸는지 짐작할 수 있다.

광복 후 라디오가 본격적으로 보급되면서 만담은 다시 살아났다. 악극단에서 기량을 갈고 닦은 장소팔과 고춘자 콤비가 빛을 발했다. 두 사람의 만담은 전쟁과 가난으로 피폐해진 사람들을 마음껏 웃게 해주었다. 이후 TV가 보급되면서 본격적인 코미디의 시대가 열렸다. 그러면서 만담은 시대의 뒤안길로 사라지고 코미디가 오늘날까지 이어지게 되었다. 하지만 〈개그콘서트〉를 비롯한 스탠딩 코미디의 현란한 말솜씨와 우스꽝스러운 동작은 만담꾼, 아니 재담꾼의 후예라고 부르기에 어색함이 없다. 일찍이 장소팔이 만담은 재담의 아들이고, 코미디는 만담의 아들이라고 했던 얘기가 정확하게 들어맞는다고 하겠다.

가볼 만한 곳

장소팔 동상

서울시 중구 흥인동 성동공고 옆에 한 시대를 풍미했던 재담꾼 장소팔의 동상이 있다. 우뚝 서 있는 다른 동상들과는 달리 아담한 크기로 돌 위에 걸터앉아서 한 손을 내민 친근한 형태로 만들어졌다.

형조 터 표지석

경상도 부자가 엉터리 판결에 분개해서 〈황새결송〉 얘기를 들려준 형조 터 표지석은 광화문 광장의 이순신 장군과 세종대왕 동상 사이 세종문화회관 쪽 도로변에 있다. 표석 위치가 잘못되었다는 주장도 있지만 대략 이 위치였던 것으로 보인다. 형조는 추관이라고도 불렀으며 노비 관련 재판을 관할하고 지방 수령의 판결에 대한 상급법원 역할을 했다.

3부

무엇이든 해서 먹고 살다

15

곡비 哭婢

내 직업은 우는 것

눈물 한 방울, 동전 한 닢

세상에서 가장 슬픈 직업이 있다.

눈물 한 방울에 동전 한 닢씩이다.

동리에서 초상이 나면 그녀는 싸리문을 바라본다.

마음 가득 담아둔 눈물을 씨앗처럼 마당에 뿌리면서…….

곡비를 사러 온 상주가 마당에 싹을 틔운 슬픔을 보고

무릎을 친다.

당신의 슬픔을 사겠소. 눈물 한 방울에 동전 한 닢씩이외다.

그녀는 싸리문을 나가기 전부터 운다.
차가운 방에 홀로 누워 있는 어린 딸은 울 기운조차 없는지 기척이 없다.

그녀는 운다. 슬피 운다. 하염없이 운다.
사람들이 고개를 끄덕거린다. 상주는 슬며시 미소를 짓는다.

상여가 나가고 그녀는 꼬리처럼 따라간다.
맑은 상여소리를 따라 그녀가 눈물로 이어간다.

장례가 끝나고 두둑한 눈물의 무게를 받은 그녀는 나는 듯이 집으로 달려간다.
내 딸아. 내 딸아. 조금만 기다려라. 어미가 눈물 꽃으로 만든 밥을 지어줄게.

내 딸아. 내 딸아. 너도 슬픔을 배우려무나.
눈물 한 방울에 동전 한 닢씩이란다.

슬픔으로 먹고살다

지금이야 사라진 풍경이지만 수십 년 전까지만 해도 장례식장에 가면 통곡소리가 있고 없고에 따라서 상가喪家의 수준을 평하는 경우가 많았다. 통곡소리가 크고 사람들이 많으면 엄지손가락을 치켜세웠고, 그렇지 않으면 시시한 장례식이 되었다. 후자의 경우에는 장례식을 주관하는 유족들에게 화살이 돌아가는 경우가 많았다. 이런 불행한 사태를 막기 위해서 장례식을 주관하는 상주들은 슬픔을 샀다. 정확하게는 곡을 하는 여인들을 고용했던 것이다. 곡비 내지는 통곡비라고 불리는 이 여인들은 돈을 받고 초상집에 가서 울어줬다. 역사상 곡비들의 가장 큰 고용주는 바로 선왕의 장례식을 치르는 왕실이었다.

> "예조에서 고하기를, '전조의 국장 및 선왕의 장례식에 저자의 여자들을 불러다 울면서 상여를 따라가게 했습니다. 이를 통곡비라 하는데 진실로 좋지 못한 일입니다. 삼가《두씨통전》과《당원릉장의》를 상고하여 보면, 공주와 내관 등이 상여를 둘러싸고 울고 발을 구르고 하며 따라간다 하였습니다. 이제 태행 상왕의 장례식에는 공주는 궁인으로 대신하고 관의 여자 종들로 울며 따라가게 하소서' 하니, 이를 좇았다."
>
> 세종 1년(1419년) 12월 21일자《실록》에서

왕실에서는 장례식뿐 아니라 왕릉을 옮길 때에도 곡비를 썼다. 아울러 이 기사를 보면 통곡하는 여인들은 조선을 훌쩍 뛰어넘어

고려시대부터 존재했음을 알 수 있다. 고구려의 장례식에서는 북을 치고 풍악을 울렸다고 했는데 고려시대부터 울음으로 바뀐 것이다. 아마 성리학이 본격적으로 도입된 고려 후기부터 변화한 것으로 보이는데, 조선시대 들어와서는 저자거리의 여인들을 고용해서 장례식장에서 울게 하는 것이 일반적인 풍습으로 자리 잡은 것으로 보인다.

숙종 때 사헌부 지평을 지낸 완산 판관 한영휘가 어머니의 장례식 때 시중을 들던 기생을 곡비로 썼다가 탄핵을 당했던 것을 보면 기생을 곡비로 쓰지는 않았던 것으로 보인다. 어쨌든 한양의 부녀자들에게는 제법 쏠쏠한 돈벌이가 된 모양인데 조정 대신들은 그게 못마땅했는지 자꾸만 반대 의견을 내놓았다.

왕실의 장례식 때 저자거리의 여인들 대신 관비를 쓰자고 했던 대신들은 몇 년 후에는 사대부의 장례식 때에는 그 집안의 계집종으로 하여금 곡을 하도록 하자고 건의했다. 물론 법대로 이뤄질 리 없어서 계속 저자거리의 여인들을 고용했지만, 통곡하는 여인들의 통칭이 '곡비'가 된 것은 이렇게 계집종을 쓰도록 했기 때문으로 보인다. 슬픔이라는 것을 계량화 혹은 수치화할 수는 없지만, 체면을 중시했던 조선시대 사대부들로서는 장례식장의 통곡소리가 시원찮았다가는 두고두고 뒷말이 나올 수 있었기 때문에 통곡하는 여인들을 고용하는 쪽을 선택했다.

이렇게 돈을 주고 우는 여인들을 고용한 이유는 현실적인 측면도 고려되었다. 오늘날처럼 병원 영안실에서 며칠 지내고 버스를 타고 발인을 하는 게 아니었다. 장례식 기간은 3일이 아니라 5일을 예사로 넘겼고, 사람이 상여를 짊어지고 갔기 때문에 뒷산에 묻어도 한나절이 걸렸다. 거기다 돌아올 때에도 죽은 사람이 집에 잘 찾아오라는 반혼제를 지냈는데 이때에도 곡을 해야만 했다. 집안 여인들은 장례 준비에 동원되었기 때문에 한데 모여서 곡을 하기가 쉽지 않았다. 뿐만 아니라 장례를 치르느라 지칠 대로 지친 여인들이 상여를 따라가거나 돌아오면서 곡을 하는 건 이만저만 힘든 일이 아니었다. 거기서 끝이 아니었다. 무덤에 묻고 집으로 돌아와서도 곡하는 것을 그만두는 졸곡제를 지낼 때까지는 계속 음식을 차려주면서 곡을 해야만 했다. 따라서 아무리 법령으로 금하고 계집종을 쓰라고 강권해도 현실적으로 지키기가 어려웠다. 모르긴 몰라도 이 건의를 한 관리도 자기 집안 장례식에는 곡비를 썼을 것이다. 조선 후기 숙종 때가 되면 상여의 앞을 곡비들이 인도하는 게 일반적이 되었다.

곡비로 나서는 여인들은 아마도 불우한 처지에 놓인 사람들이었을 것이다. 아무리 돈을 받는다고 해도 장례식장에 드나들면서 우는 걸로 생계를 유지한다는 것은 보통 사람이 할 만한 일은 아니기 때문이다. 의지할 곳 없는 과부들이 1순위로 꼽히지 않았나 싶다. 직접 경험해봤기 때문에 이들의 곡에는 진한 슬픔이 묻어나왔으리라. 이규태 선생에 의하면 1903년 인천을 떠나 멕시코의 유카탄 반도로 가던 이민선 안에 젊은 곡비가 포함되어 있었다고 한다. 짐짝 안에 숨어서 밀항했기 때문에 궤짝네라고 불린 이 여인은 머나먼 멕시코에 가서도 자신의 장기를 유감없이 발휘해서 조선인의 장례식장에서 울었다고 한다. 머나먼 타향에서 고생만 하다가 죽었으니 지켜보던 이들의 마음이 어떠했을지는 짐작이 가고도 남는다. 그들은 젊은 곡비인 궤짝네의 울음소리를 들으면서 죽은 동료와 자신의 처지가 멀리 떨어져 있지 않음을 깨달았을 것이다.

오늘날에는 장례식장에서 술을 마시고 떠들썩하게 굴면서 밤을 새는 일은 사라졌다. 상조회사 직원들이 파견을 나와서 장례식을 치러준다. 돈을 받고 울어주는 사람이 사라진 대신 장례를 대신 치러주는 21세기판 곡비들이 자리를 잡은 것이다.

해외의 곡비들

곡비들이 조선과 고려만의 전매특허는 아니었다. 지중해의 사르데냐, 코르시카 등지에도 우리의 곡비처럼 장례식장에서 울어주는 여인들이 존재했다. 아티투도라스라고 불리는 이 여인들은 무작정 슬퍼하고 우는 것이 아니라 일정한 퍼포먼스를 보여준다. 처음에는 높은 목소리로 울면서 머리카락을 쥐어뜯어서 슬픔을 표현하다가 마치 접신된 것처럼 장례를 잘 치러주는 가족들을 칭찬해준다. 그리고 일정한 리듬으로 곡을 하는 것으로 끝을 낸다. 지구 반대편에 우리나라의 곡비와 유사한 풍습이 있는 것을 보면서 슬픔에는 국경이 없다는 사실을 다시금 깨닫는다.

가볼 만한 곳

예아리박물관

경기도 용인에 국내 유일의 장례전문박물관인 예아리박물관이 개관했다. 우리나라는 물론 전 세계의 장례 관련 물품들이 총 5,000여 점이나 전시되어 있다.

〈홍성진 사진 제공〉

16

매품팔이 代杖

몸으로 때워드립니다

매로 먹고사는 남자

그가 형틀 앞에 서자 곤장을 치기 좋게 한쪽 어깨를 드러낸 집장사령이 얼굴을 찡그렸다.

"사흘 전에 매를 맞은 놈이 또 왜 왔어?"

"매품 팔러 왔습니다요."

사흘 전에 장 서른 대를 맞고 엉금엉금 기어나간 그는 파리한 얼굴로 얘기했다. 매품을 산 사람이 미리 손을 써서 헐장歇杖, 뇌물을 받고 장을 가볍게 치는 것이긴 했지만 아픈 건 매한가지일 것이다. 그래도 매품을 두둑하게 받으면 여름은 날 수 있다고 생각하며 억지로 참기로 했다.

사흘 전 그가 매를 맞아 엉망이 된 몸을 이끌고 집에 돌아와 아랫목에 엎드려 있는데 아내가 어디서 돈을 미리 받았는지 싱글벙글한 표정으로 말했다.

"또 일거리가 들어왔지 뭐예요. 이번에는 무려 삼십 냥이래요. 삼십 냥."

삼십 냥이라는 말에 그의 눈이 번쩍 띄었다. 하지만 몸을 일으키려는 순간 곤장을 맞은 엉덩이와 허리가 비명을 질렀다. 장독에 좋다는 인중황人中黃을 두 사발이나 들이켰지만 별 효과는 없었다. 그는 저도 모르게 얼굴을 찌푸리면서 말했다.

"아이고, 나 죽다 살아났어. 도저히 안 되겠어."

도로 누워서 베개를 끌어안은 그는 끙끙거리면서 아픔을 참았다. 그런 그의 모습을 본 아내는 몇 번이나 채근을 했다. 하지만 그는 도저히 안 되겠다고 손사래를 쳤다. 환곡과 군포에 시달리다 고향을 등진 지 10년이 넘었다. 어찌어찌 하다가 관아 근처에 자리를 잡고 매를 대신 맞는 것으로 생계를 연명했다. 다른 일을 해보려고 했지만 농사를 지을 땅이나 장사를 할 밑천이 없었다. 매품으로 번 돈은 어디로 사라지는지 온데간데 없어져버렸다. 그걸로 돈을 벌면 고향으로 돌아가겠다는 꿈은 점점 멀어져만 갔다. 나이가 들면서 매를 감당하는 것이 점점 어려워졌고, 경쟁자들은 계속 늘어났다.

"내년에는 무슨 수를 쓰더라도 고향으로 돌아가고 말겠어."

고통에 못 이겨 끙끙대던 그는 겨우 잠이 들었다. 그리고 고향에 돌아가는 꿈을 꾸었다. 매를 맞아서 번 돈으로 논과 집을 사고 아내와 아이들을 거느리고 행복하게 사는 광경을 보면서 그는 저도 모르게 미소를 지었다. 그리고 어디선가 풍겨오는 냄새 때문에 잠에서 깼다. 눈을 뜬 그가 두리번거리자 부엌과 통하는 문을 연 아내가 개다리소반을 들고 방으로 들어왔다. 소반에는 먹음직스러운 편육 한 접시와 탁주 한 병이 놓여 있었다.

"이게 뭐야?"

그의 물음에 아내가 말했다.

"일단 드시고 얘기하시구려. 어여 받아요."

아내가 따라주는 탁주를 연거푸 들이켜고 편육을 몇 개 집어먹자 얼큰하게 취기가 올라왔다. 그런 그를 유심히 지켜보던 아내가 한탄 아닌 한탄을 했다.

"에휴, 우리가 언제까지 이렇게 살 수는 없지 않겠어요? 메뚜기도 한철이라고 바짝 벌어놔야 등 따시고 배부르게 한 시절을 보내잖아요."

"그건 그렇지."

기분이 좋아진 그가 맞장구를 치자 아내가 냉큼 옆으로 붙었다.

"이렇게 좋은 기회를 마다하면 어떡해요. 눈 딱 감고 한 번만 합시다. 그래야 당신이 입버릇처럼 얘기하는 고향으로 돌아갈 수 있지 않겠어요."

"고향이라……."

넋두리처럼 중얼거린 그는 고개를 끄덕거렸다. 신이 난 아내가 젓가락으로 편육을 집어서 새우젓에 찍은 다음 입에 넣어주었다. 그래서 그는 아직 낫지 않는 몸을 이끌고 다시 돌아온 것이다. 바지를 벗고 형틀에 누운 그는 집장사령이 손바닥에 침을 뱉고 곤장을 움켜쥐는 소리를 듣고는 눈을 감았다. 그리고 매번 고통을 잊기 위해 했던 것처럼 고향을 떠올렸다.

흥부의 아르바이트

판소리 〈흥부가〉를 보면 지지리도 가난한 흥부에게 관청의 이방이 매력적인 일거리를 제안하는 장면이 나온다.

굶주림에 지친 흥부가 나라에서 백성들에게 빌려주는 환곡이라도 받아볼까 하고 관아를 기웃거리자 이방이 환곡을 빌려주는 대신 매품팔이를 하라고 권유한다. 고을의 양반이 군영에 끌려가서 매를 맞아야 하는데 대신 맞아줄 사람을 구하고 있는 중이라는 것이다. 승낙하면 무려 돈이 삼십 냥에 선금으로 다섯 냥을 준다는 얘기에 흥부의 귀가 번쩍 뜨인다. 냉큼 승낙한 그는 선금 다섯 냥을 받아들고 집으로 돌아온다.

흥부에게 자초지종을 들은 아내는 눈물로 만류한다. 굶어서 허약해진 몸으로 매를 맞다 죽기라도 하면 큰일이라는 것이다. 얘기를 듣고 보니 맞는 말이었지만 한두 냥도 아니고 삼십 냥이 생긴다는 생각에 흥부는 아내를 달랜다. 아무짝에도 쓸모없는 엉덩이를 써서 돈을 벌자고 말이다. 그렇게 생긴 삼십 냥 중 열 냥은 고기를 사서 원기를 보충하고 열 냥은 쌀을 사서 배불리 먹고, 나머지 열 냥으로는 소를 사서 큰아들 장가보내는 밑천으로 삼자고 말이다. 그래도 아내가 부득불 안 된다고 하자 흥부는 다른 핑계를 대고 군영으로 떠난다.

그가 군영에 도착하자 사령이 부하들에게 흥부가 매를 대신 맞으러 왔고 돈을 미리 받았으니까 살살 때리라고 말한다. 잔뜩 각오를 하고 기다리지만 뜻밖에도 사면령이 내리고 만다. 매를 맞아야 나머지 돈을 받을 수 있는 흥부는 오히려 매를 때려달라고 애원하다가 쫓겨나고 만다.

〈흥부가〉에서 매품팔이는 흥부의 가난함을 극적으로 묘사하기 위한 장치로 쓰인다. 그렇다면 이 매품팔이는 실제로 조선시대에 존재했던 직업일까? 아니면 재미를 위해서 창작해낸 것일까? 〈흥부가〉 말고도 매품팔이에 관한 얘기가 나오는 대표적인 문헌으로 조선 후기 서얼 출신의 학자인 성대중이 쓴 《청성잡기》가 있다. 여기에는 두 가지 사례가 실려 있다. 아전을 대신해서 병영에서 곤장 일곱 대를 맞기로 하고 엽전 다섯 꿰미를 받기로 했다가 아픔에 못 이겨서 엽전 열 꿰미를 바치고 겨우 살아난 안주 백성의 이야기와, 아내의 권유에 못 이겨 매품을 판 지 사흘 만에 매를 맞으러 갔다가 죽은 백성의 이야기다. 성대중은 백성들의 어리석음을 설명하기 위해 이 두 사례를 썼지만, 현실은 녹록치 않았다.

매품이라도 팔아야 돈을 만질 수 있게 된 세상이 얼마나 끔찍했을까? 그런데 당사자들끼리야 매를 누가 대신 맞을지는 결정한다고 해도 형을 집행하는 관청에서 그걸 눈감거나 혹은 몰랐을까? 지금처럼 주민등록증이 없는 세상이긴 했지만 매를 대신 맞으러 오는 사람을 구분해낼 정도는 됐을 텐데 말이다. 거기다 조선시대에는 관리라고 해도 사대부에게는 함부로 형벌을 가할 수 없었다. 형벌은 대부 위에 닿지 않고, 예는 서인 아래로 내려가지 않는다는《예기》의 원칙이 철저하게 지켜진 것이다.

매품팔이의 자격

조선시대에는 감사나 현령이라고 해도 마음 내키는 대로 판결을 내리고 매질할 수는 없었다. 특히 양반의 경우에는 반드시 보고를 하고 지시를 받은 후에 형을 집행했다. 굳이《예기》나 법을 들먹거리지 않는다고 해도 관리가 같은 양반을 건드리는 것은 상당히 부담되는 일이었다. 매를 맞는 당사자가 나중에 자신보다 더 출세하기라도 하는 날에는 지옥의 문이 열리는 것이고, 그렇지 않더라도 사돈의 팔촌 혹은 친구가 자신의 윗사람과 연줄이 닿기라도 한다면 좋을 게 없기 때문이다. 지방 관리의 경우 상관에게 근무 평점을 낮게 받게 되면 승진에 막대한 지장이 있었다. 거기다 설사 양반이 죄를 짓고 처벌을 받는다고 해도 빠져나갈 구석이 있었다. 바로 지금의 보석제도와 유사한 속전 제도가 존재했기 때문이다.

태종 때부터 시행된 속전 제도는 《대명률》에 나와 있는 제도를 조선의 실정에 맞춰 변형한 것으로 돈 대신 오승포, 즉 베를 받도록 되어 있다. 《실록》을 보면 이런저런 죄를 지은 관리나 양반들의 죄상을 길게 열거하고 판결을 내린 다음에 속전으로 대신하게 한다는 기사가 많이 나와 있다. 따라서 양반이 죄를 지고 처벌당한다고 해도 구태여 매품을 살 필요 없이 속전을 내면 그만이다. 간혹 임금의 분노가 극에 달한 경우 속전이 허락되지 않기도 했지만 이런 상황이 되면 관리들이 동료의식을 발휘해서 뜯어말리는 바람에 유야무야 넘어갈 때가 많았다.

물론 매품이 속전보다 저렴할 수는 있다. 하지만 당사자 입장에서는 매품을 사는 일도 번거로울 수밖에 없는 것이 적당한 사람을 구해야 하고 관청에 따로 손을 써서 헐장을 맞도록 해야 했다. 이 와중에 체면이 깎이는 건 덤이었다. 따라서 매품팔이는 〈흥부가〉에 나오는 허구이거나 성대중이 백성들의 어리석음을 깨우치기 위해 지어낸 이야기이거나 떠도는 소문을 듣고 적었을 수도 있다. 《청성잡기》 자체가 민간에서 떠도는 설화를 수집한 책이다. 하지만 매품팔이가 실재하지 않았다고 단언하기에는 조선 후기의 상황이 너무나 크게 변했다.

조선 후기, 그러니까 흥부가 매품을 팔던 시대에는 상황이 많이 변했다. 우선 양반의 수가 증가하면서 위상이 많이 하락했다. 흥부의 매품팔이도 그렇고, 《청성잡기》에 나오는 두 건의 매품팔이 중 하나는 병영으로 매를 맞으러 간 내용이다. 나머지 사례 한 건은 형조였다. 모두 매를 맞을 양반들이 거주하는 지역이 아닌 병영과 형조였다는 점이 눈길을 끈다. 연고지가 아닌 탓에 양반이라는 권위가 먹히지 않았을 가능성이 높고, 해당 관청의 아전이나 책임자가 돈을 벌 욕심에 처벌을 미끼로 속전 아닌 속전을 거뒀을 수도 있다. 조선 후기 들어서 막대한 뇌물을 바치고 수령이 된 다음에 본전을 뽑기 위해 부유한 백성에게 없는 죄를 뒤집어씌우고 재물을 갈취하는 경우가 많았다. 형조나 병영 역시 먹잇감을 찾아서 만만한 양반을 걸고 넘어졌을 가능성이 높다. 아마 뼈대 있는 양반 대신 이런저런 이유로 양반 감투를 쓴 신참을 표적으로 삼지 않았나 싶다. 이런 상황에 처하면 피해자들은 울며 겨자 먹기로 뇌물을 바치는 한편, 대신 매를 맞을 매품팔이를 구해야만 했다.

여기서 핵심은 매품팔이가 아니라 헐장을 핑계로 오고가는 뇌물이다. 이렇게 상납된 뇌물은 눈에 보이지 않는 먹이사슬을 통해 분배되었다. 실무자인 아전들이 공모해서 저질렀을 수도 있지만 아무래도 더 윗선의 개입이 있지 않았나 싶다. 몸통은 자취를 감추고 깃털만 욕을 먹는 건 시대에 상관없는 일이니까 말이다. 여러 상황을 감안하면 고을 수령이 양반들을 상대로 하지는 못했지만 병영 같은 곳에서는 이런 짓을 했을 가능성이 있다. 고을 수령이 돈 많은 백성들을 대상으로 삼았다면 규모가 좀 더 컸을 것이다. 어쨌든 이런 물고 물리는 관계에서 가장 불쌍한 자들은 매품팔이였다.

그렇다면 과연 어떤 사람들이 매를 대신 맞아서 돈을 벌었을까? 아마도 흥부처럼 가진 것 없이 자식만 많은 백성들이 1순위가 아닐까 싶다. 어쩌면 그들은 매품팔이도 감지덕지했을지도 모른다. 만약《청성잡기》에 나오는 두 번째 사례처럼 매품팔이로 생계를 이어가는 백성이 있었다면 참으로 끔찍한 세상이 아닐 수 없다. 법이 흔들리고 무시당하면 결국은 가장 힘없는 사람들이 피해를 입는 법이다.

현대판 매품팔이, 바지사장

조선 백성들의 참혹한 현실을 보여주는 매품팔이 얘기를 들으면서 조선은 역시 안 된다며 혀를 찰지도 모르겠다. 그래서 현대판 매품팔이라고 할 수 있는 바지사장을 소개한다. 경영 실권은 가지지 않고 명목상 사장 자리에 앉아 있다가 문제가 생길 경우 대신 처벌을 받는 사람을 뜻한다. 포털사이트에는 버젓이 바지사장을 구한다는 광고가 올라오고 거기에 시세를 묻는 질문들이 붙는다. 돈만 있으면 빨간 줄이 그어지는 것쯤은 각오한다는 사람들과 법의 처벌쯤은 얼마든지 돈으로 해결할 수 있다는 자신감이 교차되면서 생겨난 현대판 매품팔이라고 할 수 있다.

몇 년 전에는 모 그룹 회장의 조카가 말 안 듣는 회사 직원을 폭행하고 매값이라면서 2,000만 원을 준 사건이 있었다. 법원은 항소심에서 사회의 지탄을 받은 점을 고려해서 집행유예 판결을 내렸고, 사건을 수사한 담당 검사는 퇴임 후 그 그룹의 임원으로 입사했다. 예외가 많은 법일수록 원칙과는 거리가 멀기 마련이다. 그리고 그런 사회는 소수의 가진 자를 제외한 모든 이들에게 지옥이나 다름없을 것이다.

가볼 만한 곳

한국민속촌

경기도 용인에 있는 한국민속촌에 용인 지역에 있던 용구현 관아가 복원되어 있다. 팔작지붕으로 된 동헌 앞마당에는 곤장을 때리는 형틀이 자리 잡고 있다.

춘향테마파크

전남 남원에 있는 춘향테마파크 '시련의 장' 코스에는 춘향이 변사또의 수청을 거부하면서 갇힌 감옥과 관아가 재현되어 있다.

17

내외內外술집

이상한 술집

손님이 왔지만 주인은 코빼기도 안 비친다

갓과 도포 차림의 두 선비가 조심스럽게 대문을 열고 들어섰다. 한때는 노비들로 북적거렸을 행랑채는 물론이고 집주인이 낭랑한 목소리로 글을 읽는 소리가 들렸을 사랑채도 고요했다. 안채로 이어지는 중문 쪽으로 걸어간 선비 한 명이 조심스럽게 문고리를 두드리면서 외쳤다.

"이리 오너라. 안에 아무도 없느냐?"

같은 말을 두어 차례 반복할 즈음에야 안채에서 가느다란 목소리가 들려왔다.

"죄송하오나 심부름하는 아이가 잠깐 자리를 비웠습니다. 몇 분이신지요?"

"나와 친구 둘입니다."

"중문 옆에 대나무 돗자리와 방석이 있사오니 자리를 잡아주시지요. 술과 안주를 준비하겠습니다."

"알겠소."

중문을 두드린 선비가 옆에 세워진 대나무 돗자리와 방석을 가지고 사랑채 앞마당에 폈다. 돗자리 위의 방석에 앉은 선비 한 명이 집을 살펴보면서 말했다.

"집의 크기를 보아하니 예전에는 제법 살았던 모양이네."

"살다 뿐인가. 대과에 합격한 사람도 여럿이었지."

혀를 차면서 맞장구를 친 다른 선비는 이런저런 얘기를 나누다가 중문 안에서 들려오는 아낙네의 헛기침소리에 고개를 돌렸다.

"술상을 다 보았습니다."

굳게 닫혀 있던 중문이 조금 열리고 개다리소반이 바닥에 놓여졌다. 소반 위에는 주전자와 술잔 두 개, 그리고 묵과 편육이 한 그릇씩 있었다. 개다리소반을 든 선비가 고개를 슬쩍 내밀어서 중문 안쪽을 쳐다봤지만 아무런 기척도 없었다. 아쉬움에 입맛을 다신 선비는 개다리소반을 가지고 자리로 돌아왔다. 그가 따라준 술을 마신 다른 선비가 감탄사를 날렸다.

"역시 자네 말대로 술맛이 좋군."

"이 집안 대대로 빚어온 술이라네. 피맛골의 선술집에서 파는 술과는 맛이 다르다 이 말일세."

술을 시작으로 안주로 내온 것들을 칭찬하던 두 선비는 곧 과거 얘기로 넘어갔다. 그러면서 금방 술이 떨어졌다. 빈 주전자를 든 선비가 중문 앞에 서서 나지막한 목소리로 말했다.

"술 한 주전자를 더 청합니다."

"알겠습니다. 혹시 국물이 필요하시다면 매운탕을 준비할까요?"

중문 안에서 들려온 목소리에 선비가 고개를 끄덕거렸다.

"좋습니다."

잠시 후, 아까처럼 중문이 살짝 열리고 술이 담긴 주전자와 사발에 담긴 매운탕이 쟁반에 놓였다. 두 선비가 김이 무럭무럭 피어나는 매운탕을 놓고 술을 마시며 얘기를 나누던 사이 술이 또 떨어졌다. 같은 방식으로 술 주전자를 받아와서 술잔을 주거니 받거니 하는 사이 해가 떨어졌다. 빈 주전자와 접시를 두고 일어난 선비 한 명이 중문 앞에 서서 말했다.

"이제 그만 돌아갈까 합니다. 술값이 얼마나 나왔습니까?"

"술이 네 주전자, 탕이 하나, 안주가 세 접시니 다섯 냥입니다."

"소반 위에 놓고 가겠습니다."

공태도포의 소맷자락에 넣어둔 엽전을 꺼낸 선비가 일부러 소반 위에 툭 떨어뜨려서 소리가 안채까지 들리게끔 했다. 그러자 안채에서 낮은 목소리가 들려왔다.

"살펴 가십시오."

술과 조선, 기묘한 동거

지금 시점으로 보면 말도 안 되는 영업방식이다. 예쁘게 차려입은 주인이 손님에게 아양을 떨어도 모자를 판에 코빼기도 비치지 않고 술을 팔다니 말이다. 한편 조선시대에도 말이 안 되기는 매한가지인 상황이다. 남녀칠세부동석이 보편적 윤리로 자리 잡을 정도로 남녀관계가 엄격했던 시대에 비록 직접 마주하지는 않지만 여인들이 외간 남자들을 상대로 술과 안주를 팔았으니 말이다. 지금도 말이 안 되고 예전에도 말이 안 되는 이 이상한 술집이 탄생하게 된 배경은 조금 복잡하고 정치적이다.

농업국가 조선에서 흉년은 그야말로 재앙이었다. 지금이야 국가적 체면이 좀 깎이더라도 다른 나라에 손을 벌리면 되지만 당시에는 그런 것도 없었다. 그러니 봄에 비가 내리지 않으면 임금이 손이 발이 되도록 하늘에 빌거나 비를 뿌리는 용과 닮은 도마뱀을 잡아다가 당장 비를 뿌려달라고 협박하기도 했다. 그것이 술이 무슨 상관이냐고 반문할 수도 있으나 술의 원료가 되는 누룩을 빚는 것이 바로 쌀이었기 때문이 이 모든 소동이 흉년에서 시작되었다.

백성들의 생계의 해결을 지상과제로 삼은 임금과 고지식한 유학자들 눈에는 술이 좋게 보일 리 만무했다. 특히 영조는 술을 끔찍이도 싫어해서 금주령을 어긴 죄인들에게 사형 선고까지 내렸다. 그리고 그 앞에서 술 냄새를 풍긴 승지 조정을 파직한 것은 물론 앞으로도 벼슬을 내리지 말라며 으름장을 놨다. 당대의 술꾼들에게 이런 영조는 악마나 다름없어 보였을 것이다. 영조가 유별난 편이기는 했지만 조선시대에 흉년을 이유로 금주령을 내리는 일은 빈번했다.

금주령이 떨어지면 형조와 의금부, 포도청의 합동단속반이 움직이고, 재수 없이 걸리면 재산 몰수에 귀양 가는 것은 물론 운이 나쁘면 목이 떨어질 수도 있었다. 하지만 법과 원칙이 인간의 욕망을 이기기는 쉽지 않은 법이다. 20세기 미국도 금주령을 시행했다가 마피아들의 세만 불렸던 것처럼 당시에도 비슷한 상황이 벌어졌다. 임금의 서슬 퍼런 금주령은 이때를 기회로 한몫 잡으려는 포졸들의 횡포와 사이가 나쁜 관료를 탄핵하기 위한 함정수사 등으로 얼룩졌다. 거기다 술을 좋아하는 인간의 습성을 착하고 바르게 살라는 성현의 가르침 따위로는 억누를 수 없었다. 금주령을 시행한 주체도 양반이었지만 가장 많이 어긴 자들도 바로 양반이었다. 이들은 제사에서 혹은 약으로 쓴다는 이유로 술을 담가 마셨다.

사실 양반이 집에서 술을 담가 먹으면 포졸 나부랭이가 단속할 방법이 없었다. 역설적으로 금주령이 가장 가혹하게 시행되었던 영조 시대에 한양의 술집들이 폭발적으로 늘어났다는 기록이 종종 보인다. 한양의 인구가 늘어나면서 술을 소비할 수 있는 시장이 생겼고, 동시에 생계가 곤란한 백성들이 호구지책으로 삼기에도 적당했기 때문이다. 거기다 화폐의 사용이 보편화된 것도 한몫 했던 것으로 보인다. 남자 체면에 술을 마시러 가면서 쌀이나 베를 들고 갈 수는 없었을 테니까 말이다.

내외술집의 탄생

그렇다면 내외술집은 누가 운영했으며 술꾼들에게 언제 첫 선을 보였을까? 유재건이 쓴《이향견문록》에 육지대사라는 선비 출신의 스님에 관한 기록이 남아 있는데 여기에서 내외술집의 모습을 유추할 수 있는 부분들이 보인다. 육지대사는 본래 안동 김씨 집안의 어른으로 재물이 넉넉하고 가족들 간에 우애가 좋았다고 전해진다. 진사에 올라서 김 진사라고 불렸지만 관직에 큰 뜻이 없었다. 그에게는 형이 한 명 있었는데 불행하게도 일찍 죽고 말았다. 그는 형의 아들을 거두어 친자식처럼 돌봤다. 세월이 흘러 조카가 장성하자 혼처를 정해주었다. 그리고 육지대사는 아버지를 대신해서 조카와 함께 혼사를 치르기 위해 신부 집으로 갔다. 예식을 마치고 신랑 신부가 합방을 하자 일이 끝났다는 생각에 그는 편안하게 잠자리에 들었다. 그런데 신랑이 급히 방으로 들어왔다.

"삼촌. 제가 신부와 함께 잠자리에 들려고 촛불을 껐는데 갑자기 괴한이 문을 박차고 들어와서는 제 아내에게 정을 배반했다고 꾸짖고는 치마를 찢어서 가져가버렸습니다. 따로 정인이 있던 것이 분명합니다. 이런 여자와 어찌 결혼을 해서 제사를 모시겠습니까? 아무쪼록 혼인을 파해주시기를 청합니다."

한숨을 쉰 김 진사는 조카를 데리고 집으로 돌아왔다. 아울러 신부와는 파혼을 했다. 불똥은 신부 집에 떨어졌다. 도대체 누구의 소행인지 알 수 없었지만 이 사건 때문에 신부는 다른 혼처를 잡을 수 없었다. 그렇게 몇 년이 지나자 신부가 부모에게 말했다.

"저는 이제 혼인을 할 수 없는 몸입니다. 밑천을 마련해주시면 멀리 떠나서 조용히 살겠습니다."

딸의 처지를 가엽게 여긴 부모는 마침내 허락을 하고 돈을 건넸다. 찢어진 치마를 챙긴 신부는 흰 옷으로 갈아입고 계집종 하나만을 데리고 떠났다. 그녀가 간 곳은 다름 아닌 김 진사가 사는 마을이었다. 적당한 집을 물색해서 세를 얻은 그녀는 과부 행세를 하면서 술을 팔아 생계를 이어갔다. 바로 내외술집을 연 것이다. 좋은 술과 안주를 쓰고 술값도 적당한 편이라 인기를 끌었다. 외상 술값도 독촉하지 않았고, 술값 대신 옷이나 다른 물건으로 대신 받기도 했다. 하지만 술시중은 계집종이 맡았는데 깨끗하고 예의가 바른 편이라 감히 희롱을 하지 못했다.

소문이 나면서 마을의 남자들이 수시로 드나들었다. 그러던 어느 날, 손님 중 한 명이 외상술값 대신 찢어진 치마를 가지고 왔다. 그녀는 장롱 속에 넣어두었던 예전 치마를 꺼내서 맞춰봤는데 찢어진 곳이 딱 들어맞았다. 바로 김 진사의 종이 가져온 것이었다.

며칠 후, 그녀는 고향에 돌아가기 전에 인사를 한다며 인근의 사대부들을 모두 초대했다. 개중에는 김 진사도 끼어 있었다. 곱게 화장을 하고 잔칫상을 차려놓은 그녀는 김 진사를 비롯해서 손님들이 모두 모이자 술과 음식을 베풀었다. 그리고 잠시 후 안방으로 들어가서 신부 화장을 하고는 다시 나왔다. 다들 놀라서 어쩔 줄 몰라

하는 가운데 무릎을 꿇은 그녀가 조용히 입을 열었다.

"사실은 여러 어르신들을 청한 것은 억울한 일을 하소연하기 위해서입니다."

그녀는 몇 년 전 김 진사의 조카와 혼례를 치르던 날 있었던 일을 털어놨다. 그리고 얼마 전에 들어온 치마 반쪽을 꺼내서 나머지 반쪽과 맞췄다. 얘기를 들은 김 진사는 할 말을 잊었다. 가슴 속의 회한을 모두 털어놓은 그녀는 이제 죽어도 여한이 없다는 말을 남겨놓고는 안방으로 들어갔다. 놀란 손님들이 웅성대는 가운데 김 진사는 급히 조카를 불러서 사정을 말하고는 안방으로 들여보냈다. 대들보에 목을 매서 자결하려던 그녀를 겨우 뜯어말렸다.

소동을 뒤로하고 집으로 돌아온 김 진사는 치마를 맡겼던 종을 불러서 자초지종을 물었다. 그러자 종은 안방마님의 지시로 일을 저질렀다고 자백했다. 남편이 자식들보다 조카를 더 사랑하는 것에 질투를 느끼고 손을 쓴 것이다. 이 모든 일이 아내의 짓임을 깨달은 김 진사는 내외술집을 하던 그녀와 조카를 다시 맺어주고는 재산을 물려주었다.

여기까지는 미담이지만 다음 얘기는 괴담으로 돌변한다. 시치미를 떼고 아내와 지내던 그는 바람이 심하게 불던 밤에 불을 질러서 아내를 죽였다. 아내의 지시에 따른 종도 죽여버렸다. 그리고 속세와의 인연을 끊고 출가해버렸다. 왼손이 여섯 개였던 탓에 육지대사라고 불렸던 그는 백 살까지 살다가 홀연히 세상을 떠났다.

이념과 현실의 경계

조선시대 문헌에 내외술집에 대해서 적나라하게 언급한 기록은 찾아보기 어렵다. 육지대사의 일화가 담긴《이향견문록》에서도 단 한 건 정도 찾아볼 수 있다. 따라서 학자들은 상당히 늦은 시기, 그러니까 19세기 후반쯤에 내외술집이 생겼을 것으로 추정한다. 하지만《이향견문록》이 1862년에 쓰인 것을 감안하면 적어도 19세기 중반이나 그 이전으로 봐도 좋을 듯하다. 구체적으로 파고들면 건륭 말년에 100살이 넘은 육지대사가 50살 때 겪은 일이니까 18세기 중반에서 초반에는 내외술집이 출현했다고 볼 수 있다. 아이러니하게도 영조의 서슬 퍼런 금주령이 시행되던 시기에 탄생한 것이다.

한발 더 나아간다면 임진왜란 이후에 비교적 이른 시기에 탄생되었을지도 모른다. 왜냐하면 내외술집의 탄생은 사회안전망의 붕괴라는 슬픈 배경과 관련되기 때문이다. 사실 천민을 비롯한 백성들은 조선 후기에 들어서 결혼과 이혼이 비교적 쉬웠지만 양반들은 어림도 없는 일이었다. 남자들은 아내가 죽으면 후손을 본다는 핑계로 몇 번이고 재혼을 했지만 여성들의 경우 남편을 잃으면 평생 수절을 하면서 살아야 했다. 물론 그러고 싶지 않은 여성들이 더 많았겠지만 집안의 체면부터 사회적인 분위기까지 모두 재혼의 '재' 자도 못 꺼내게 만들었다.

어머니가 재혼할 경우 음란하다는 이유로 자녀안恣女案에 오르게 된다. 이렇게 되면 자식들이 관직에 임용될 수 없다. 자기는 몇 번이고 재혼할 수 있지만 부인이 재혼하는 꼴은 죽은 이후에도 못 보겠다는 사대부 남성들의 쪼잔함이 만들어낸 조선판 주홍글씨인 셈이다. 재혼을 할 길이 막혀버린 과부들은 감옥이나 다름없는 집에서 지내야 했다. 문제는 이렇게 지낼 수 있는 '여력'이 존재하는지 여부다. 예나 지금이나 품위 있게 살려면 돈이 필요하다. 과부가 딴마음 안 품고 살려면 시중을 들고 말동무가 되어줄 계집종은 물론이고 재산을 관리해줄 남자 종들이 필요했다. 물론 수절을 할 경우에 이 모든 것을 시집에서 책임져주었다. 하지만 현실이라는 게 꼭 잘 풀리는 법은 없는 법이다. 이런저런 이유로, 특히 양반들 사이에서도 격차가 발생하기 시작한 조선 후기 접어들면서 생계가 곤란해진 과부들이 생겨났다.

그렇다면 장사를 하거나 농사를 지을 수는 없었을까? 한 번도 해본 적 없을 뿐만 아니라 그러기 위해서는 다른 남성들과 어울려야만 했기 때문에 불가능한 일이었다. 설사 그걸 감당한다고 해도 사방에서 쏟아질 비난과 눈길을 도저히 감당할 수 없었을 것이다. 결국 생계가 막막해진 과부들이 생각해낸 돌파구가 바로 '내외술집'이었다. 남녀가 함께 있을 수 없다는 성리학적 이념과 현실의 슬픈 절충점인 셈이다.

그렇다면 남자들은 자기 돈을 내고도 술집 주인의 얼굴 한 번 보지 못하는 이 이상한 술집에 드나들었을까? 이것 역시 양반의 체면과 크게 연관이 있다. 오늘날에도 나라에 대형 사건사고가 일어나면 어떻게 정치인이나 공무원이 골프를 치거나 해외여행을 떠날 수 있느냐며 크게 비난한다. 나라의 녹을 먹으면서 큰일이 터졌는데 한가롭게 놀 수 있느냐는 것이다. 오늘날이 이 정도면 조선시대에는 이보다 더하면 더했지 덜하지는 않았을 것이다. 양반이, 특히 관직에 있는 양반이 기생집에 드나들었다가는 사회적 지탄은 물론 위로부터 징계가 떨어지기 십상이다. 경쟁이 치열해지면 이런 사소한 것들이 문제가 되는 것은 예나 지금이나 다름없다. 결국 술은 마시고 싶지만 트집을 잡히고 싶지 않았던 양반들의 발길이 하나둘 내외술집의 문턱을 넘어갔다. 이렇게 양반들의 체면과 과부들의 생계가 은밀히 만난 내외술집이 기록에 남을 리는 만무했다.

사실 사극에 나오는 엄청 크고 화려한 기생집은 현실상 존재하지 않았다. 흉년이 들면 당장 임금의 반찬부터 줄이는 조선시대에 그렇게 많은 기생을 한 번에 모을 수 없을 뿐더러 손님도 그만큼 없었다. 그나마 한양이라면 모르겠지만 말이다. 마셔본 사람은 알겠지만 술이라는 게 집에서 마시기에는 좀 애매하고 그렇다고 양반들이 주막에 앉아서 술을 마실 수는 없는 노릇이다. 내외술집은 이렇게 체면을 중시하면서도 남들과 다르게 술을 마시고 싶어 하는 양반들과 먹고살아야 하지만 뾰족한 수가 없던 과부들 사이의 수요와 공급이 맞아떨어진 지점에서 생겨난 것이다.

내외술집의 변화

간판도 없고 종업원은 코빼기도 비추지 않았던 조선의 이 이상한 술집은 근대화의 물결이 밀려오고 일제강점기가 되면서 차츰 역사의 뒤안길로 사라져버렸을까? 글쎄다. 1924년 〈동아일보〉 기사를 보면 청진동의 명물 아닌 명물로 바로 내외술집이 소개된다. 청진동 주민이 투고한 글에는 600호가 사는 동네에 내외술집이 10여 군데나 있다고 나온다. 재작년과 작년에는 30~40군데에 달했다고 나오는데 옛날 같은 점잖음은 사라지고 하나같이 손님 옆에 앉아서 웃음과 노래를 곁들인다고 한탄조로 얘기한다. 그러다 결국은 성매매까지 이어지면서 내외주점이라고 하면 오히려 퇴폐적이고 음란함이 연상된다고 덧붙인다. 그나마 총독부에서 주민들의 항의를 받고 내외술집들을 쫓아내서 줄어들었다고 말했다. 내외술집이 근대화의 물결을 타고 재빨리 변신한 것이다.

가볼 만한 곳

남산골 한옥마을

주막도 아니고 내외술집이 보존되거나 남아 있을 리 만무하다. 하지만 한옥을 보고 싶다면 충무로역 근처에 있는 남산골 한옥마을을 가보자. 외국인 관광객들로 북적거려서 다소 복잡하기는 하지만 비교적 잘 보존되어 있는 곳이다. 특히 처마에 매달아놓은 청사초롱이 예쁘게 빛나는 저녁에 가볼 것을 권한다.

북촌

조선시대에 상류층이 모여 살던 곳이다. 현재는 관광지로 개발되어 국내외 관광객들이 많다. 남산골 한옥마을이 다소 인공적이라면 이곳은 현재도 사람이 살고 있기 때문에 생생함을 느낄 수 있다.

18

조방助幇꾼
성을 사고팝니다

기방 풍경

흐릿한 초승달이 낮게 떠있다. 인정人定이 가까웠지만 벽장동의 기방 앞은 여전히 북적거렸다. 어둠을 쫓기 위해 사방등四方燈, 나무와 종이로 만든 사각형 등을 든 선비들이 천하태평춘 사방무일사天下太平春 四方無一事라고 적힌 종이가 붙어 있는 기방의 대문을 드나들었다. 대문을 지키는 누런 개가 컹컹 짖어대며 꼬리를 흔들었다. 머리가 하얗게 센 늙은 여인이 이제 막 대문을 나서는 두 선비들을 배웅했다. 두 사람을 따라 나온 기생도 살포시 웃으면서 조심스럽게 말했다.

"최근에 기방 기찰이 심해졌답니다. 두 분도 조심하십시오."

"우리가 누군데 감히 포도청에서 건드리겠느냐? 걱정 말고 들어가거라."

얼큰하게 취한 선비 하나가 코웃음을 치며 대꾸하고는 그보다 더 심하게 취한 동료를 부축해서 어둠속으로 사라졌다. 그 모습을 지켜보던 기생이 싸늘한 목소리로 중얼거렸다.

"부모 잘 만난 거 하나 믿고 잘난 체하기는……."

벙거지에 전포 차림으로 한 손에 쇠도리깨를 든 채 몇 발자국 떨어진 담벼락에서 그 광경을 지켜보던 포도청 군관이 불쑥 모습을 드러낸 것은 바로 그때였다. 무심코 돌아서던 기생이 그를 보고는 깜짝 놀라서 인사를 했다.

"언제 오셨답니까?"

"기찰하는 중에 잠깐 들렀다. 연월이는?"

군관의 물음에 기생은 피식 웃으면서 불이 환하게 켜진 안방 쪽을 바라봤다.

"손님들이 정을 보는 중입니다. 아까 비명소리가 들리던데 좀 말리시는 게 좋겠어요."

그러자 군관이 누런 이를 드러내면서 웃었다.

"애초에 창피하면 기생 노릇을 하지 말았어야지. 잔소리 말고 연초나 채워오너라."

군관이 소매에서 백동으로 만든 장죽을 꺼내 건네면서 말했다. 기생은 툇마루에 걸터앉아 주머니에 차고 있던 연초갑을 꺼내서 대통에 꾹꾹 눌러 담았다. 기생이 담배를 채운 대통에 불을 놓는 사이 군관이 기방 안을 둘러봤다.

나라에서 선비들의 기방 출입을 금하라는 영이 내렸지만 귀담아 듣는 이는 아무도 없었다. 기찰을 해야 하는 군관들이 기방의 뒤를 봐주는 조방꾼이고, 손님들이 내로라하는 집안 자식들이니 포졸 나부랭이들이 나설 수 없는 노릇이었다.

마당 구석에는 벌레들을 쫓기 위한 쑥불이 약하게 피워져 있었다. 등잔불을 피워놓은 대청에는 마포나루의 경강상인 자제들이 평양에서 온 기생 해월이를 둘러싸고 음담패설을 늘어놓으며 희롱을 하고 있다. 해월이는 생황을 만지작거리면서 얘기를 듣다가 맞장구를 쳐줬다. 돈으로 따진다면 웬만한 양반집 손님들에게도 밀리지는 않았지만 기방에서는 신분을 따질 수밖에 없었다. 오늘 방들은 모두 양반 손님들 차지였다.

“여기 있습니다.”

불이 붙은 백동 장죽을 가져온 기생이 공손하게 바쳤다. 쇠도리깨를 소매에 넣고 장죽을 입에 문 군관이 기생을 뒤로한 채 가죽신을 벗고 안방으로 들어갔다. 문을 열자 손님들의 왁자지껄한 웃음소리와 함께 매캐한 담배냄새가 풍겨왔다. 손님들에게 둘러싸인 채서 있던 연월이는 옥색 다리속곳 차림이었다. 곰방대에서 입을 뗀 그가 손님들에게 말했다.

“들어갑시다.”

"두루……."

얼큰하게 취한 손님 중 한 명이 히죽 웃으면서 대꾸했다. 그러자 군관이 문을 닫으면서 다시 말했다.

"평안하신가?"

"편안하오."

"그러면 좀 쉽시다."

적당한 자리가 없는 걸 본 군관의 말에 손님 중 한 명이 엉거주춤 일어나서 밖으로 나갔다. 빈자리를 차지하고 앉은 그가 연월이에게 물었다.

"무사하냐?"

"무, 무사합니다요."

울상이 된 연월이가 더듬거리면서 대답했다. 그가 자리를 잡고 앉자 손님들 중 한 명인 최 진사가 입을 열었다.

"정이 있는지 없는지 마저 봐야겠구나. 얼른 보여주지 않고 뭘 하느냐?"

그러자 연월이가 속곳 끈을 만지작거렸다. 그것마저 벗으면 여성으로서 가장 보여주고 싶지 않은 부분을 여러 사내들에게 보여주는 것이다. 하지만 이런 과정은 기생들의 통과의례나 다름없었으니 그녀가 거절할 수는 없었다. 그녀가 머뭇거리자 가만히 앉아 있던 손님들 중 한 명이 소리쳤다.

"이년아! 두 손을 떼어라."

연월이는 속곳 끈을 입으로 문 채 두 팔을 들었다. 그러자 최 진사가 손을 뻗어서 물고 있던 속곳 끈을 확 잡아당겼다. 속곳이 아래로 흘러내리면서 연월이의 하체가 사람들 눈에 보이고 말았다. 놀란 그녀가 주저앉아버리자 손님들이 떠들썩하게 웃었다. 그녀의 속곳 끈을 잡아당긴 최 진사가 자신의 장죽을 건네면서 말했다.

"뱃속에 정이 가득 들어 있나 보구나. 그 서방 모시고 잘 살아라."

앞으로 엎드려 있던 연월이는 아무 말도 못하고 울기만 했다. 그러자 장죽을 건넨 최 진사가 그녀의 뺨을 때렸다.

군관이 그녀가 울음을 그치지 않자 잠자코 지켜보다가 밖으로 나왔다. 그러자 잠시 후에 최 진사가 뒤따라 나와서는 머쓱한 표정으로 말했다.

"내가 너무 심한 건 아니었지?"

초승달을 바라보고 있던 군관이 씩 웃었다.

"네가 청한 건데 뭐가 어때서? 염려 말고 몇 번 더 해줘."

"알겠네. 앞으로도 정 볼 일 있으면 나한테 청하라고."

기분이 좋아진 최 진사가 도로 안으로 들어갔다. 소매에 넣은 쇠도리깨를 꺼낸 군관이 섬돌에 놓인 가죽신을 신었다. 그때 아까 그를 맞이했던 기생이 황급히 달려왔다.

"군관 나리. 문밖에서 지금 시비가 붙었습니다."

"어떤 놈들이야?"

군관이 귀찮은 표정으로 묻자 기생이 대답했다.

"아까 해월이랑 수작을 하던 마포나루쪽 손님들이요. 한 명이 술김에 욕을 하니까 다른 손님들이 둘러싸서 몰매를 놓고 있어요."

"알았어. 내가 가보지."

가죽신을 신고 마당에 내려선 군관이 손에 쥔 쇠도리깨를 붕붕 휘두르면서 대문 밖으로 나갔다.

말하는 꽃, 기생

이 장면은 신윤복과 김홍도가 그린 기방 풍경을 토대로 이야기를 덧붙인 것이다. 조선시대에 기생은 여성들이 가질 수 있는 몇 안 되는 직업 중 하나였다. 그들은 '말하는 꽃'이라는 의미의 '해어화'라 불리면서 양반들에게 유흥을 제공했다. 양반들의 쾌락을 위해 존재했다고는 하나 이들 중에는 양반의 코를 납작하게 해줄 만큼 뛰어난 글 솜씨를 자랑한 기생들도 적지 않았다.

언젠가부터 사극에서 기방의 주인 역할로 등장하는 기생들이 조선의 정재계를 움직이는 막중한 역할로 그려지고 있다. 하지만 기생들은 애초에 국가 소유의 공노비다. 관기라고 불린 기생들은 지방 관아에 속해 있으면서 대를 이어가며 의무를 지었다. 파발을 중개하는 역에도 주탕이라고 불리는 기생들이 존재했다.

사실 기생들이 단순히 술자리에서 흥을 돋우고 잠자리 시중을 드는 역할만 했던 것은 아니다. 과거에 합격한 양반이 지방관에 임명되어 내려갈 경우 특별한 사정이 없으면 단신으로 부임했다. 가족들이 내려갈 경우 그 지역 백성들에게 민폐를 끼친다는 이유였는데 이 때문에 큰 문제가 발생했다. 홀로 내려간 관리의 시중을 들 사람이 없다는 것이다. 지금처럼 전화나 인터넷으로 필요한 생필품을 손에 넣지 못하던 시절이라 뭐든지 사람의 손이 필요했다. 결국 지방 관아에 배속된 기생들에게 그 임무가 주어졌다. 북방으로 파견된 무관들도 마찬가지였다. 현지에서의 생활을 돕도록 관청에서 관기를 배속시켜줬다. 일종의 현지처인 셈인데 홀로 낯선 지역에서 살아야 하는 관리들에게는 필수불가결한 존재였다.

기생들 중 일부는 한양으로 올라오기도 했다. 우리가 알고 있고 유명한 기생들 대부분은 한양에서 활동했다. 공노비들은 선상입역選上立役이라고 1년에 몇 달씩은 한양에 올라가서 관청이나 왕실에서 일해야 했기 때문이다. 실제로 기생들이 가장 필요한 곳은 바로 한양이었다.

한양에 올라온 기생들은 내의원과 혜민서에 배속되어 의녀로 일을 하거나 공조와 상의원에서 침선비 노릇을 했다. 남녀를 엄격하게 구분하던 조선시대에는 여자 환자들을 돌볼 여자 의사나 간호사가 필요했기 때문이다. 왕실의 옷을 만드는 상의원과 공조의 침선비는 바느질을 하는 여인을 지칭한다. 기생들이 환자를 치료하거나 바느질을 하다니 뭔가 이상해 보인다. 궁중의 연회에 참가하기 위해 올라온 기생들만으로는 숫자가 부족해지자 다른 목적으로 올라온 여인들도 동원한 것으로 보인다. 의녀들의 경우에는 연산군 때 연회에 동원되면서 기녀로 취급되었고, 침선비 역시 비슷한 경로를 거쳐서 기생 역할을 했던 것 같다.

이런 인식이 굳어지면서 조선 후기 들어와서는 의녀들을 약방기생, 그리고 침선비들은 상방기생이라고 불렀다. 한편, 지방에서 올라온 기생들 역시 지방에 파견된 관리들처럼 생활에 이런저런 곤란을 겪게 되었다. 특히 국가에서 아무런 경제적 지원을 해주지 않았기 때문에 한양에 머물면서 소요되는 생활비를 벌어야 했다. 더군다나 값비싼 옷을 입고 화장을 해야 했기 때문에 적지 않은 돈이 필요했다. 따라서 한양에 올라온 기생들은 자연스럽게 본래의 일이 끝나면 기방에서 아르바이트를 했다. 이런 와중에 공노비에서 풀려난 기생들이 생겨났으며, 차츰 민간에서도 기생들이 자생적으로 생겨났다.

나라에 묶여 있는 기생을 관기, 그리고 자유로운 신분의 기생들을 사창이라고 불렀다. 기생들은 신분에 상관없이 보호자 겸 파트너가 필요했다. 조방꾼은 기생들의 그런 필요성 때문에 생겨난 독특한 직업이다. 조방꾼은 기생들에게 생활비와 거처를 마련해주었다. 그리고 그녀들이 웃음과 몸을 팔아서 번 돈을 나눠가졌다.

기생들의 매니저

조방꾼을 설명하기 위해서는 여러 이름들을 빌려와야 한다. 그들의 일이 그만큼 복잡했기 때문이다. 당대에는 조방꾼을 기생의 남편이라는 뜻으로 '기부'라고 부르기도 했다. 기방이 문을 열면서 기생들의 뒤를 봐주고 술꾼들 때문에 생기는 문제를 비롯해서 기방 영업 중에 생길 만한 일을 대신 처리해줘야 했기 때문에 아무나 할 수 있는 일은 아니었다. 따라서 대전별감이나 포도청의 군관, 의금부의 나장, 승정원의 사령과 종친이나 권세가의 청지기, 그리고 군영의 장교들이 주로 조방꾼 역할을 맡게 되었다. 열거한 직업들은 하나같이 공통점을 가지고 있다. 왕실이나 권력의 핵심에 근접해 있으면서도 사회적 신분은 양반에 못미친다는 점이다. 아울러 기방에 가장 빈번하게 드나들 수 있는 계층이었다는 점도 눈길을 끈다.

그렇다면 이들은 무슨 사연으로 조방꾼을 맡게 되었을까? 일단 권력의 핵심인 왕실이나 의금부 같은 곳에 있어서 기생들을 쉽게 보호해줄 수 있다는 점이 유리하게 작용한 것 같다. 임금을 근처에서 모시고 호위하는 대전별감의 경우에는 대신들도 쉽게 어쩌지 못하는 존재였다. 사대부들은 그들의 무식함과 광포함에 혀를 내둘렀지만 임금은 자신을 경호하는 이들을 감싸려고 애썼기 때문이다. 그리고 모두 하는 일에 비해 벌이가 시원찮거나 언제 내쳐질지 모른다는 점도 비슷하다. 대전별감은 체아직으로, 그러니까 순번대로 돌아가면서 일을 했으며 일을 할 때만 급료가 지급되었다. 따라서 별도의 수입이 필요했는데 때마침 궁궐에 드나드는 기생들이 자연스럽게 눈에 들어온 것은 아닐까 싶다. 왕명을 출납하는 승정원에서 일하는 승정원 사령과 중죄인을 다루는 의금부 나장도 상황은 마찬가지였다. 한말의 기록에 의하면 나중에는 아예 조방꾼들이 지방을 돌아다니면서 예쁘고 어린 아이를 찾아서 부모에서 돈을 주고 데리고 올라왔다고 전해진다. 요즘 기획사의 길거리 캐스팅과 여러모로 유사하다.

18세기에 상업과 화폐경제가 발달하면서 중인 계층과 상인들이 많은 부를 축적하게 되었다. 이들은 양반들처럼 체면과 격식을 차릴 필요가 없었기 때문에 기방을 드나드는 데 거리낌이 없었다. 한양에 올라와서 생활비를 벌어야 했던 기생들과 돈 쓸 곳을 찾던 중인과 상인들이 어울리면서 화려하고도 퇴폐적인 화류계 문화가 탄생했다. 그리고 조방꾼은 이들 사이를 중계해주면서 한자리를 차지했다. 오늘날처럼 다양한 놀이문화가 없던 시절이라 돈 많은 한량들의 유일한 취미는 기생과 어울려 술을 마시는 것뿐이었다. 따라서 이 시대의 그림이나 시에는 은근슬쩍 기방의 풍경이나 모습 혹은 관습을 설명하는 것들이 많다.

조방꾼도 단순히 기생에게 얹혀서 먹고사는 기둥서방이라고 단정하기에는 어려울 정도로 다양한 활동을 했다. 기생들의 타향살이를 돌봐주고 보호해줬으며, 손님과 연결시켜주는 중개인 역할까지 했다. 연암 박지원이 쓴 〈광문자전〉의 주인공인 광문은 역모에 휩

쓸려서 감옥에 들어갔다가 나오면서 전직 왈자인 표철주를 만난다. 광문은 옛일을 회상하면서 잠깐 조방꾼 역할을 했던 시기를 떠올린다. 잔치를 열었던 풍원군이 기생 분단이와 동침을 하고 아침에 입궐을 하려던 찰나 문밖을 지키던 그를 본다. 누구냐는 물음에 분단이는 광문이라고 말하자 껄껄 웃으면서 말한다.

"저 자가 너의 후배냐. 방으로 불러 들여라."

방 안으로 들어갔던 광문은 풍원군이 하사한 술을 마셨다면서 그 때의 기억을 마무리지었다. 여기서 후배라는 말은 배후를 봐주는 조방꾼이나 기부를 의미한다. 조방꾼은 기생이 손님과 동침하는 동안 주변을 지키는 역할을 했고, 그 사실은 기방을 드나드는 사대부들에게 공인이 되었다는 것을 의미한다.

조수삼이 쓴《추재기이》에는 조방꾼 둘이 등장한다. 입이 무거워 벙어리라고 불린 최씨와 오입쟁이들을 등친 이중배다. 벙어리 조방꾼 최씨는 말을 못하는 대신에 손짓발짓으로 의사소통을 했다. 달이 아름답다고 표현하기 위해서 손가락을 둥글게 만들어서 서쪽을 바라봤다는 것으로 봐서는 다소 낭만적인 성격이 아닌가 싶다. 하지만 그는 관기와 사창을 모두 통솔하는 인물이었다. 비록 옷차림이 허름했지만 부잣집 자제들과 스스럼없이 어울렸다고 전해지는데 그것은 신의가 있었기 때문이라고 적혀 있다. 조방꾼의 신의라면 자신이 거느리는 기생과 손님 사이에 있었던 일을 발설하지 않으면서 얻어진 것이리라. 말을 못하기도 하지만 입이 무거운 편이었던 것 같다. 기방이 온갖 소문의 진원지였다는 점을 감안하면 조방꾼 최씨의 침묵은 손님들에게 환영을 받았을 것이다. 하지만 그를 단순히 기둥서방으로 보기에는 곤란하다. 관기와 사창을 모두 통솔했다는《추재기이》의 기록을 보면 몇 십 명의 기생들을 거느린 조방꾼의 우두머리인 것으로 보인다. 날마다 부잣집 도령들을 맞이했다는 것을 보면 사업수완도 대단했던 것 같다.

《추재기이》에 등장하는 또 다른 조방꾼은 이중배라는 인물이다. 최씨가 신의를 지키는 조방꾼이었다면 그는 고객을 등치는 사기꾼이었다. 어느 날, 그는 자신의 단골손님들에게 은근 슬쩍 얘기했다.

"기가 막히게 예쁜 아이를 구했습니다. 가히 경국지색이라고 할 만합니다."

"그게 정말인가?"

"그렇다마다요. 엽전 열 냥을 주시면 그 아이와 술을 마시고 밤새 즐길 수 있으실 겁니다."

이중배의 말을 들은 손님들은 기꺼이 열 냥을 내놨다. 그리고 약속한 날 밤에 기방으로 향했다. 그런데 자신 말고도 다른 손님 아홉이 와 있는 것을 봤다. 방 안의 희미한 등불에 비친 여인의 고운 자태를 본 손님들은 다른 자들이 모두 돌아가기만을 기다렸다. 비록 쾌락을 목적으로 했지만 기방에서도 예의를 차려야만 했기 때문이다. 다들 다른 사람들이 돌아가기만을 기다리면서 서로 눈치를 주고 있었다. 그 와중에 이중배는 계속 손님들 주변을 서성거리면서 혀를 차고 못마땅한 기색을 보이자 다들 이중배가 자기를 뺀 나머지 손님들이 돌아가기만을 기다리고 있다고 짐작했다. 기묘한 대치 상황은 새벽이 될 때까지 계속되었다. 결국 해가 뜰 기미가 보이자 이중배가 어쩔 수 없다는 표정으로 말했다.

"날이 밝았으니 다음에 오셔야겠습니다."

그러고는 막걸리에 간단한 안주를 대접하면서 아쉬움을 토로했다. 사실 이 모든 것은 이중배의 계략이었다. 그는 열 명의 손님들에게 같은 얘기를 해서 열 냥씩, 합해서 백 냥을 뜯어낸 것이다. 그리고 간단한 술과 안주로 입을 씻고 말았으니 엄청난 사기를 친 셈이다. 기방의 풍습과 오입쟁이들의 심리를 잘 아는 조방꾼만이 쓸 수 있는 사기수법이었다.

조수삼은 자신의 책에 이 얘기를 남겨놓으면서 아직도 사람들 사이에서 회자된다고 적어 놨다. 아마 기방에 드나드는 사람들 사이에서 술안주처럼 오고갔던 전설적인 무용담이었을 것이다. 이렇게 조방꾼은 술과 여자가 오가는 기방의 지배자이자 보호자 혹은 착취자로서의 역할을 했다. 이런 조방꾼들이 들끓었던 조선은 결코 조용한 아침의 나라가 아니었다. 수백만 명이 북적거리면서 각기 자신의 욕망 혹은 꿈에 충실했던 곳이다. 기방과 기생, 그리고 그들에게 들러붙어 있던 조방꾼은 그런 조선의 진면목을 엿볼 수 있는 직업이었다.

기생과 조방꾼의 변신

조선시대의 수많은 직업들이 한말과 일제강점기를 거치면서 사라지거나 혹은 쇠퇴한 반면 기생은 시대의 변화에 맞춰 변신에 성공했다. 신분상 공노비였던 기생은 1894년 갑오경장 때 신분제도가 철폐되는 대상에서도 제외됐다. 그러다 1908년, 관기제도가 공식적으로 폐지되면서 비로소 신분의 자유를 얻었다. 예전에는 왕실의 연회에 불려가거나 기방에 앉아서 손님들을 기다렸다면 이제는 고급 요정이나 요릿집으로 손님들을 찾아가야만 했다.

양쪽을 중개하고 책임지기 위해서는 새로운 조직이 필요했다. 따라서 기생들과 조방꾼들은 한성기생조합을 결성했다. 첫 번째로 결성된 한성기생조합이 기둥서방이 있는 기생, 즉 유부기로 결성되었다는 점은 시대적 변화에 맞선 조방꾼들의 발 빠른 변신 능력을 보여준다. 한성기생조합을 시작으로 다동기생조합 등이 잇달아 만들어졌다. 후에 권번으로 이름이 바뀐 기생조합들은 자체적인 교습소를 차려놓고 후진들을 양성하는 등 명맥을 이어갔다. 평양의 기생학교는 대단히 유명해서 공식적인 관광코스에 들어갈 정도였다.

권번의 대표들이 친일파로 유명한 송병준을 비롯해서 대부분 남성들이라는 사실이 흥미롭다. 기생들의 변신 못지않게 조방꾼도 끈질기게 살아남았던 것이다. 이렇게 명맥을 이어가던 권번은 1942년 일제에 의해 막을 내리고 광복 이후 다시 살아났지만 1948년 공식적으로 폐지되면서 조방꾼들과 함께 역사 속으로 사라졌다.

기생의 또 다른 조력자

기생에게는 조방꾼만 있는 것이 아니었다. 기생 출신의 늙은 여인이 곁에 있었는데 기생의 어머니라는 뜻으로 기모라고 불렸다. 춘향이의 어머니 월매 같은 사람이다. 앞서 설명한 대로 기생들은 공노비였기 때문에 은퇴를 하려면 다른 사람을 자기 대신 그 자리에 앉혀야 했다. 보통 자신의 딸에게 신분이 세습되지만 그렇지 못할 경우 계집아이를 사서 양녀로 키웠다. 더불어 은퇴 후의 생활을 보장받기 위해서 일종의 매니저나 코디네이터 역할을 맡았다. 변방에 파견 나간 무장들을 시중든 방기의 어머니가 생활을 돌봐줬다는 얘기와 일맥상통하다. 조방꾼이 당대의 문인들로부터 어느 정도 인정을 받았다면 기모들은 음험하다는 평가를 받은 듯하다. 아무래도 젊은 시절의 화려했던 기억에서 벗어나지 못했기 때문일까? 이덕무가 정조의 명령으로 쓴《은애전》을 보면 이런 인식이 잘 드러나 있다.

정조 14년인 1790년, 전라도 강진에서 끔찍한 살인사건이 벌어졌다. 범인은 이제 막 혼례를 치룬 열여덟 살 먹은 김은애였고, 피해자는 이웃집에 사는 노파 안씨였다. 기생 출신의 안씨는 홀로 살면서 김은애의 집안에 이런저런 신세를 졌다. 문제는 안씨가 신세를 지면서도 고마워하지 않았다는 점이다. 이런 상황에서 자신의 친척인 최정련과 김은애를 맺어주기 위해서 무리수를 던지고 말았다. 즉, 최정련과 김은애가 그렇고 그런 사이라고 동네에 소문을 퍼트린 것이다. 조선시대 여인에게는 치명적이었다.

다행스럽게도 그녀는 별 탈 없이 다른 남자에게 시집갈 수 있었다. 최정련에게 김은애와 맺어주기로 약속하고 미리 돈을 받았던 노파 안씨는 앙심을 품고 헛소문을 퍼트렸다. 이런 일이 2년 넘게 계속되자 결국 참다못한 그녀는 칼을 들고 찾아가서 안씨를 찔러 죽이고 말았다.

사건을 보고받은 정조는 그녀를 처벌하는 대신 오히려 칭찬하면서 풀어줬다. 그리고 이덕무로 하여금 글을 써서 사람들에게 알리게 했으면 추잡한 여자를 찔러 죽임으로써 자신의 무고함을 밝혔으니 장한 일이라고 격려했다. 안씨는 젊은 시절에는 미모로 뭇 남성들의 사랑을 받았지만 늙고 나서는 아무짝에도 쓸모가 없으며 음모나 꾸미고 다니는 여자로 차가운 시선을 받은 것이다.

가볼 만한 곳

탑골공원

기생과 이곳이 무슨 연관이 있을까 하며 고개를 갸웃거리는 독자가 있을지 모르겠지만 사실 이곳은 한때 수백, 수천 명의 기생들이 있던 곳이다. 원래 탑골공원 자리에는 고려시대 때 흥복사라는 절이 있었다. 조선시대 들어와서는 세조 때 원각사라는 절이 다시 세워졌다가 연산군 때 없어졌다. 정확하게는 연산군이 모은 기생들인 흥청들의 거처인 연방원으로 삼은 것이다. 여자를 멀리하는 사찰에 기생들의 거처를 정한 걸 보면 연산군의 삐뚤어진 성격을 엿볼 수 있다. 연산군이 폐위된 이후 흥청들은 사라졌고 사찰도 사라지고 말았다. 이후 공원으로 바뀌었으며 3·1운동의 발상지로 유명해졌다.

19

거벽巨擘과 사수寫手 그리고 선접先接꾼

과거의 필요요건

과거라는 이름의 전쟁

19세기 중엽 한양.

날이 어둑해지자 사내들이 호롱불 주변으로 하나둘 모이기 시작했다. 다들 건장한 체격과 험상궂은 외모에 중치막中致莫을 허리 뒤로 묶고 있다. 그런데 하나같이 큼지막한 우산을 어깨에 걸머지고 방석과 돗자리를 짊어졌다. 나무 말뚝과 대나무 지팡이를 든 이들도 있었다. 등에는 글씨가 적혀 있는 하얀 베가 달려 있었다. 사내들은 문 주변에 쳐놓은 새끼줄 밖에서 서로 나지막하게 욕설을 퍼붓기도 하고 어깨로 밀치기도 하면서 은근히 힘자랑을 했다.

드디어 해가 뜨고 과거시험이 열리는 과장으로 들어가는 문이 열리자 건장한 사내들은 약속이나 한 듯 일제히 새끼줄을 뛰어넘어 안으로 뛰어 들어갔다. 홍화문을 연 수문장은 그 기세에 놀라 옆으로 물러났다.

"밀지 마!"

"어떤 놈이 내 발 밟았어!"

좁은 문에 일제히 몰리면서 서로 엉킨 사내들은 주먹질을 하거나 가지고 있던 말뚝으로 상대방을 때렸다. 문 안팎은 삽시간에 부러진 말뚝과 갓, 그리고 피범벅이 된 사내들이 뒹굴었다. 문을 통과한 사내들은 뒤도 돌아보지 않고 앞서거니 뒤서거니 내달려 과장에 도착하자 과거 문제가 걸려 있는 현제판 앞에 모여들었다. 그리고 가지고 온 돗자리를 펴고 우산을 펼쳤다. 아예 말뚝을 박고 천막을 치는 이도 있었다. 여기서 다시 2차전이 벌어졌다. 한발 늦은 사내들은 먼저 좋은 곳을 선점한 사내들에게 시비를 걸었다.

"여긴 우리 접 자리야!"

"이 양반이! 과장에 자기 자리가 어디 있어? 먼저 말뚝 박은 놈이 임자지."

"좋은 말로 할 때 비켜!"

흥분한 사내는 대나무 지팡이로 욕설을 퍼붓는 상대방의 머리를 내리쳤다. 그러자 옆에 있던 동료가 말뚝으로 그의 옆구리를 찔렀다. 현제판 앞자리를 차지하기 위해서 몸싸움이 한참 벌어질 무렵 문으로 거자擧子, 과거 응시자들이 들어섰다. 다들 검은 빛깔이 도는 남색 도포에 검은색 띠를 두르고 유건유생들이 쓰는 두건을 썼다. 손에는 책이 든 보따리나 대나무 광주리를 하나씩 들고 있었다. 그들의 뒤를 따라서 광주리를 머리에 올린 장사치들과 거자의 노비들이 우르르 몰려들었다.

이들이 과장에 도착할 무렵에는 대략 교통정리가 끝난 상태였다. 현제판이 보이는 좋은 곳에 자리 잡은 사내들은 목청껏 거자들을 불렀고, 밀려난 사내들은 풀죽은 목소리로 그들의 고용인을 맞이했다. 천막과 우산을 펴놓은 자리에 서너 명씩 앉고, 사내들은 주변을 지키고 섰다. 누군가 치고 들어오려면 험악한 욕설과 함께 눈을 부라렸다. 이런 난투극에 끼지 못한 시골 선비들은 과장의 담장 끝자락까지 밀려났다.

잠시 후 내관이 들어와서 현제판에 시험문제를 붙였다. 그러자 그 앞으로 거자들이 구름처럼 몰려들면서 서로 밀치고 넘어뜨렸다. 제일 먼저 들어선 사내들도 중간 중간 끼어서 험악한 분위기를 조성했다. 문제를 베낀 거자들은 자기 자리로 돌아갔다. 그리고 안으로 빙 둘러 앉아 책을 펴놓고 얘기를 나눴다. 제일 안쪽에 방석을 깔고 앉은 거자는 편안한 표정으로 얘기를 들었고, 다른 한 명은 먹을 갈면서 눈을 감고 계속 중얼거리다가 눈을 떴다. 그리고 큰 목소리로 얘기하기 시작하자 아까 문제를 베껴 온 거자가 엎드려서 받아 적기 시작했다. 보따리와 대나무 광주리에 넣어온 책을 꺼내서 급하게 읽는 거자도 보였다.

문제를 다 적은 거자들이 현제판 옆에서 기다리고 있던 서리들에게 답안지인 시권을 바쳤다. 서리들은 시권을 모아서 시관들에게 갖다 바쳤다. 시간이 흐를수록 점점 많은 시권들이 모였다. 문제를 받아 적고 자리까지 가느라 다급해진 거자들이 뒤늦게 북새통을 이루면서 현제판 앞은 아수라장이 되었다. 어디선가 지팡이를 짚고 힘겨운 모습으로 나타난 늙은 선비 한 명이 굽은 허리를 더 굽히면서 애원했다.

"소생이 과거를 본 지 어언 30년입니다. 궁벽한 산촌에 살면서 한양까지 오느라 집안 재산이 다 거덜난 지 오랩니다. 이제 다시 과장에 나오지 못할 것 같습니다. 초시에도 합격하지 못하면 돌아가신 아버지를 볼 면목이 없습니다. 부디 이 불쌍한 선비의 사정을 굽어 살펴주시옵소서. 굽어 살펴주시옵소서."

그런 와중에 거자들 사이로 떡장수와 엿장수가 돌아다녔다. 심지어 술을 파는 이까지 돌아다녔다. 거기에 거지들까지 들어와서 구걸을 했다. 시권을 낸 거자들은 이런 아수라장을 뒤로하고 하나둘 과장을 빠져나왔다.

상상과 현실

인터넷으로 '과거시험'을 검색해보면 재현 행사를 하는 모습들을 볼 수 있다. 대개는 궁궐의 넓은 곳에서 갓과 도포 차림으로 거자를 재현한 참가자가 가지런히 돗자리를 펴고 한 명씩 앉아서 글씨를 쓰는 광경이다. 그리고 시험 감독관인 시관 역할을 하는 사람이 중간 중간 오가면서 부정행위를 감독한다. 따라서 사람들은 대개 과거시험장의 풍경이 무척 조용하고 고즈넉할 것으로 본다.

하지만 조선시대 과거시험장의 모습은 앞에 묘사한 풍경에 더 가깝다. 어쩌면 더 치열하고 끔찍했으며 유혈이 낭자했을지도 모른다. 여러 가지 이유가 있었다. 지금처럼 시험지에 표시만 하면 자동으로 채점이 되는 방식이 아니었고, 결정적으로 출세를 하거나 양반으로 살아가려면 반드시 과거에 합격해야 했기 때문이다. 선택의 여지가 없다는 점이 과거를 더 치열하게, 그리고 거자들로 하여금 꼼수를 부리도록 만들었다.

조선 왕조가 유지된 500년 동안 대략 800회에 걸쳐 과거가 치러졌고, 1만 5,000여 명의 합격자가 나왔다. 언뜻 보면 적지 않은 수지만 조선시대를 살아간 모든 양반들이 반드시 과거를 봐야만 했다면 얘기는 달라진다. 우리는 흔히 조선을 양반과 일반 백성, 그리고 노비 같은 천민으로 나눠진 확고부동한 신분제 사회라고 생각한다. 하지만 조선시대에는 공식적으로 두 계급만 존재했다. 양반과 평민을 합한 양인, 그리고 천인이었다. 그러니까 노비와 노비가 아닌 자로 나눠진 셈이다. 따라서 양반 혹은 사대부라고 불리는 계층은 영원불변한 확고한 신분은 아니었다. 아무리 돈이 많다고 해도 4대나 5대가 지나도록 과거 합격자를 배출하지 못하면 가문의 격이 떨어지게 되었다. 또한 관료가 되어야만 가문을 지탱할 만한 경제적 수단을 찾을 수 있다. 이 모든 것을 떠나서 사회에서 인정을 받으려면 과거에 합격하는 것이 유일한 수단이었다.

조선시대 후기로 갈수록 출사를 포기하고 향촌에 머무는 양반들이 늘어났지만 과거를 포기하지는 않았다. 향교의 유생이 되어야만 병역이 면제되고, 양반 행세를 할 수 있었기 때문이다. 나이 어린 이몽룡이 자기 여자를 건드렸다고 수령인 변학도를 혼쭐낼 수 있었던 것도 과거에 급제했기 때문이다. 현대와는 달리 조선시대에는 선택의 여지가 없었던 것이다. 거기다 과거시험을 준비하려면 적지 않은 비용과 시간이 들어갔다. 과거 준비는 대개 어린 시절부터 시작되었다. 대학이나 전문 학원 혹은 고시원이 없던 시절이니까 모든 걸 집 안에서 해야만 했다. 또한 과거를 치르기 위해서 응시장까지 오고 가야만 했는데 이것도 만만치 않은 시간과 비용이 소모되었다. 거기다 과거시험을 볼 때 필요한 붓과 종이, 그리고 관련 서류들도 모조리 자기가 직접 준비해야 했다. 이렇게 힘들고 어려웠지만 과거에 응시하는 이들은 갈수록 늘어났다. 인구가 늘어나면서 양반의 수가 늘어났는데 진짜배기 양반이 되려면 무조건 과거에 합격해야 했기 때문이다.

영조와 정조 때 한양에서 치러진 과거에 거자가 1만여 명을 훌쩍 뛰어넘었고, 심지어는 10만 명에 달하는 경우도 있었다. 이중에 과거에 합격한 인원은 고작 33명뿐이니 경쟁률이 얼마나 치열할지 짐작이 가고도 남는다. 거기다 노량진 고시생들은 명함도 못 내밀 정도로 오랜 세월 공부했던 사람들과 경쟁해야 했다. 지금처럼 학교를 하루 빌려서 교실별로 나눠서 시험을 치른다고 해도 1만 명이 한꺼번에 모이면 여러 가지 문제가 생겨난다. 심지어 조선시대에는 그렇게 나눠져 있지도 않았고, 거자가 몇 명인지도 몰랐다.

결정적으로 거자들의 부모와 친척이 시험 감독관의 동료나 선배, 그리고 상사인 경우가 많았다. 따라서 과거시험장은 엄격함이 남아 있던 조선 초기를 지나면서 차츰 혼란의 도가니로 변했다. 후대에 가면 땅에 묻어놓은 대나무통을 이용해서 커닝 페이퍼를 시험장 안으로 반입하는 수법처럼 시험관과 수험생이 공조하는 정도로 부정행위의 규모가 커졌다.

이런 부정행위들은 18세기에 접어들면서 차츰 사라졌다. 감독을 엄격하게 해서 사라진 것이 아니다. 그럴 필요가 없어졌기 때문이다. 생원과 진사를 선발하는 소과를 거쳐서 관리로 등용되는 대과를 치루는 동안 몇 만 혹은 몇 십만의 거자들 중에서 33명이 추려진다. 따라서 무슨 수를 써서라도 과거에 합격해야 하는 상황에 처하면서 자연스럽게 경쟁은 치열해졌고, 부정행위를 넘어서 패거리를 동원해서 전쟁을 방불케 하는 아수라장이 연출되었다.

여기서 혹시나 이렇게 반론할 사람이 있을지 모르겠다. 오늘날의 대학에서도 오픈북 시험을 치르고, 조별 과제나 단체로 프레젠테이션도 하는 것을 감안하면 조선시대의 과거시험을 무조건 안 좋은 눈으로 볼 필요는 없다고 말이다. 그러나 조선의 과거시험장은 우리의 상상을 뛰어넘는다. 그 면면을 한번 살펴보자. 우선 과거시험장에 여러 명이 팀을 짜서 들어가는 것을 보통 접을 만든다고 한다. 접의 구성원은 대개 시험 당사자인 거자와 선접꾼과 거벽, 그리고 사수 혹은 서수라고 불리는 이들로 구성된다. 선접꾼은 말 그대로 먼저 들어가서 좋은 자리를 차지하는 임무를 맡고, 거벽은 답안지인 시권에 쓸 문장을 구상했다. 그리고 사수 혹은 서수는 거벽이 구상한 문장을 시권에 썼다. 군대처럼 임무가 잘 나눠져 있는 셈이다. 그럼 자리도 다른 사람이 잡아주고, 문장의 구성과 심지어 쓰는 것까지 다른 이가 하면 대체 과거 응시자인 거자는 무슨 일을 한 것일까? 바로 이들을 고용했다. 이것이 오늘날의 조별 과제나 프레젠테이션과의 차이점이다. 거벽과 사수 그리고 선접꾼은 이렇게 과거가 불공정하게 이뤄지면서 생겨난 조선만의 독특한 직업들이었다.

조선시대의 과거시험장은 대개 넓은 공터였다. 그리고 시험문제지도 따로 나눠주는 것이 아니라 현제판이라고 불리는 곳에 붙여놓았다. 이렇게 되면 당연히 현제판이 있는 앞자리를 차지해야 시험문제를 빨리 볼 수 있다. 거기다 거리가 멀면 오가는 시간을 허비하게 되는데, 이것은 대개 먼저 제출한 시권 중에서 합격자를 고르게 되는 과거시험장의 풍습에 비춰보면 대단히 큰 약점이 되었다. 거자가 몇 십 명 단위라면 큰 문제가 아니지만 수천, 수만 명이라면 재수 없으면 시험문제도 보지 못하고 나와야 하는 일이 벌어질 수 있다. 따라서 가급적 앞자리를 차지해야 했는데 그러기 위해서는 몸싸움을 불사해야 했다. 이를 위해 돌격대 겸 선봉장 역할을 하는 선접꾼이 생겨났다.

이러한 임무를 수행하기 위해서는 단순 무식에 과격함을 갖춘 이들이 적합했다. 박제가가 쓴《북학의》에는 건장한 무인들이라는 표현이 나온다. 정식 무과 합격자라기보다 재정을 보충하기 위해서 한 번 시험을 볼 때마다 합격자를 수천 명씩 뽑은 만과에 합격한 이들이 아닐까 싶다. 그 밖에도 한양을 주름잡던 무뢰배라 불리는 이들이 선접꾼의 임무를 맡은 것으로 보인다. 개중에는 선접꾼 역할로만 먹고사는 이들도 적지 않았을 것이다. 과거시험은 원래 3년에 한 번 치러지지만 여러 가지 명목으로 특별시험이 치러졌으니까 수요는 부족하지 않았기 때문이다.

이들의 임무는 시험이 치러지기 전 꼭두새벽부터 시작되었다. 번호표 따위는 발급되지 않았으니 새치기는 다반사였고, 욕설로 기선을 제압하려는 시도도 벌였다. 이들은 자리를 잡기 위한 도구들, 그러니까 돗자리와 방석, 햇볕을 가릴 우산이나 천막, 그리고 천막을 칠 때 쓰는 나무 말뚝을 챙겨 갔는데 이것은 몽둥이 대용으로도 쓰였다.

접들의 전쟁

문이 열리면 너 나 할 것 없이 일제히 과장으로 뛰어 들어가는데 이 와중에 당연히 몸싸움이 벌어지게 마련이었다. 부문赴門이라 불리는 이 과정에서 적지 않는 선접꾼들이 피를 봤을 것이다. 이런 과정을 이겨내고 과장에 도착하면 그때부터는 좋은 자리를 차지하기 위한 몸싸움이 벌어졌다. 접들의 전쟁이라는 뜻으로 쟁접爭接이라고 불리는 이 과정에서도 적지 않은 피가 뿌려졌을 것이다. 이렇게 선접꾼들이 치열한 전투를 통해 방해물을 제거하고 자리를 차지하여 자리를 펴고 방석을 깔면 게임이 끝나는 게 아니라 시작되었다.

뒤늦게 들어온 거자들은 선접꾼이 차지한 자리에 앉아 시험을 준비했다. 그런데 거자들도 한두 명이 아니었다. 한 명이 먹을 갈고 시험지인 시권을 펼치는 동안 다른 한 명은 붓과 종이를 들고 문제가 걸린 현제판으로 달려갔다. 아마 선접꾼이 따라가서 받아 적기 좋은 자리를 확보하지 않았나 싶다. 시권을 빨리 내기 위해서는 빨리 문제를 적어서 돌아와야 했다. 그러면 그를 기다리고 있던 다른 한 명이 문제에 맞는 정답을 구상했다. 이때 가지고 온 책들을 펼쳐 놓기도 했다. 단순하게 비교하지만 조선시대 시험 문제들은 일종의 논술시험이었다. 그래서 무조건 《사서삼경》을 외우는 것이 아니라 좋은 문장을 구사해야만 했다. 따라서 전문가가 필요했는데 문장을 짓는 사람을 거벽이라고 불렀다. 대가 혹은 전문가라는 뜻으로 쓰이는데 과거시험의 핵심을 맡고 있으니까 그럴 만도 하다.

선접꾼이 단순 무식 과격한 인물이었다면 거벽은 과거시험에 나설 수 있을 정도의 학식과 문장을 갖춘 인물이었다. 아마 몰락하거나 가세가 기운 양반 집안 출신이었을 것이다. 아니면 과거에 합격해봐야 출세하기 힘든 서얼 신분일 수 있다. 그렇다면 여기서 자연스럽게 의문이 하나 든다. 거벽은 왜 자신이 직접 과거시험을 보지 않고 남의 시험을 대신 쳐줬을까? 이렇게 쟁접이 벌어진 시기가 되면 거자는 엄청나게 늘어나는 것과 동시에 과거시험 본연의 기능도 거의 마비되었다. 여러 가지 문제가 있긴 하지만 사실 누구나 똑같이 시험을 보고 결과에 따라 합격 여부를 판단하는 과거시험은 가장 공정한 인재 선발 방법이었다. 하지만 이것도 공정하게 돌아간다는 전제가 있어야 가능한 일이었다. 조선 후기 당쟁의 원인을 제한된 관직 때문이라고 보는 학설이 있다. 즉, 여러 고상한 이유를 대긴 하지만 결국은 과거에 합격하고 좋은 자리를 얻기 위해서라는 얘기다. 천신만고 끝에 과거에 합격한다고 해도 우리가 아는 정승이나 판서, 참판 같은 자리에 오르기 위해서는 수많은 경쟁자들을 물리쳐야 했다. 그런데 지금도 그렇지만 시간이 흐르다 보면 지역별 또는 학교별로 인맥이 생기면서 불공정한 경쟁이 벌어진다. 자신이 속한 계파의 세력을 키우기 위해서 여러 가지 수단을 동원한 것이다. 그러면서 차츰 부정행위를 넘어서서 과거시험의 순위를 조작하거나 불공정한 경쟁을 눈감아주는 일까지 벌어졌다. 그걸 더 이상 숨길 필요가 없어지면서 과거시험은 욕설과 주먹질, 그리고 대리와 부정이 판치는 난장판이 되었고 그런 와중에 능력을 가졌지만 힘없는 이들이 희생당하게 되었다. 만약 회사라면 욕을 한 바가지 퍼붓고 다른 회사로 옮기면 그만이지만 조선시대에는 죽으나 사나 과거에 합격하고 관직에 나아가야 하는 것이 양반의 의무이자 운명이었다. 조선 후기가 되면서 과거제도가 문란해지자 자연스럽게 실력은 있지만 탈락하는 이들이 많아졌다. 앞서 설명한 대로 과거시험을 보기 위해서는 적지 않은 시간과 돈이 들어가기 때문에 경제적으로 감당이 안 되는 이들이 거벽으로 변신하지 않았나 싶다. 따라서 거벽은 어쩌면 타락한 사회의 희생자라고 볼 수 있다.

또 다른 거벽의 후보로는 글을 배운 중인과 서자를 들 수 있다. 조선 후기 들어서 역관이나 각종 상업활동을 통해 급격하게 성장한 중인들은 자연스럽게 글과 접하게 되었다. 어찌 보면 가문의 수준을 유지해야 하는 양반보다 글을 통해서 출세하고 싶다는 욕구가 더 강했을지도 모른다. 하지만 첩의 자식이나 중인의 경우에는 아무리 과거에 합격한다고 해도 좋은 관직에 오를 수 없었다. 같은 양반들끼리도 서로 물고 물리는 판국에 중인들에게까지 자리를 내줄 마음씨 좋은 이들은 없었다. 양반들은 아예 과거 합격자 명단에 중인이라는 신분을 명기하도록 했으며 한품서용제라는 걸 만들어 중인들이 일정 관직 이상은 올라갈 수 없도록 만들었다. 중인들은 통청운동을 통해서 이런 문제점들을 해결하려고 했지만 쉽지 않았다. 따라서 글은 배웠지만 과거시험을 볼 필요가 없어진 중인 지식인이 늘어났고, 이들 중에 일부가 거벽 노릇을 한 것으로 보인다.

서자 역시 마찬가지였다. 홍길동처럼 비록 아버지를 아버지라고 부르지는 못했지만 다른 노비들처럼 마당 빗질을 하지는 않았을 이들도 자연스럽게 학문을 접하게 되었다. 하지만 서자들도 한품서용제의 대상이었으며 합격자 명단에 서자라는 신분이 표시되었다.

한편, 거벽이 문장을 생각하면 그 앞에서 붓을 쥐고 있는 다른 사람이 받아 적었다. 왜 거벽이 직접 쓰지 않고 번거롭게 다른 사람이 받아 적었을까? 대략 두 가지 이유 때문이다. 거벽이 문장은 뛰어나지만 글씨가 형편없을 수 있고, 빠른 시간 내에 제출하기 위해서는 누군가 받아 적는 게 편했기 때문이다. 거벽보다는 중요도가 떨어졌지만 과거시험을 보기 위해서는 반드시 필요한 역할이라고 볼 수 있다. 황현이 쓴《매천야록》에는 이들의 관계를 알 수 있는 대목이 있다.

> "그들은 방 안에 드러누워 조보를 들춰보다가 과거가 열린다는 내용을 보면 대뜸 거벽과 사수가 어디 있는지 찾았다."
>
> 《매천야록》에서

한편, 사수는 거벽보다 문장 구사 능력은 떨어졌을지 모르지만 불러주는 문구를 이해하고 받아 적어야 했으니까 어느 정도의 글솜씨는 가지고 있어야 했다. 또한 글씨를 깨끗하고 빠르게 써야 했다. 사수의 유력한 후보로는 역시 거벽처럼 몰락하거나 가세가 기운 양반이었다. 그 밖에는 관청에서 기록을 하던 서리들도 진출하지 않았나 싶다. 아마 거벽과 사수는 파트너처럼 같이 다녔을 것이다. 서로 호흡이 맞을수록 좋은 글이 나왔을 테니까 말이다.

과거가 열리는데 당사자는 정작 공부할 생각은 안 하고 거벽과 사수를 찾았으며 그것이 지방에 사는 황현의 귀에까지 들어갈 정도였으니 과거시험의 타락상이 어느 정도였는지 짐작이 가고도 남는다. 비록 성공하면 크게 돈을 벌 수 있었겠지만 거벽과 사수는 모두 과거가 정상적으로 치러졌다면 나타나지 않았을 직업이다. 과거시험이 부정과 타락으로 얼룩지면서 소수의 권세가와 특정 계파의 독무대가 되면서 정작 과거시험에 합격해서 나라에 크게 쓰여야 할 인재들은 거벽이나 사수 노릇을 하면서 세월을 보냈다. 그리고 글자 한 줄 안 쓴 권세가의 아들은 손가락 하나 까닥하지 않고도 과거에 합격하는 기현상이 벌어졌다.

정약용을 비롯한 실학자들은 물론 조정 대신들도 너 나 할 것 없이 이 문제를 해결하기 위해 여러 가지 대책들을 내놓았지만 거벽과 사수 그리고 선접꾼이라는 생기지 말았어야 할 직업까지 생겨난 상황이라 아무 소용이 없었다. 이들은 나중에는 너무나 당연시되어 아무도 이상하다고 여기지 않게 될 즈음인 1894년, 갑오경장과 함께 사라졌다.

슬픈 이야기

조선 후기 문인 이옥의 〈류광억전〉은 너무 뛰어나 오히려 비극적 삶을 살아야 했던 어느 거벽의 생애를 다루고 있다. 영남 합천 사람인 그는 글솜씨가 뛰어났지만 집안 형편이 어려워 과거를 볼 엄두조차 내지 못했다. 그래서 나름 생계수단으로 거벽 노릇을 하기로 했다. 그가 한양으로 올라올 때면 청탁한 집안에서 기다리고 있다가 데리고 갔는데 남의 눈에 띄지 않게 부인용 가마, 즉 사방이 막혀 있는 가마에 태웠다. 그를 모셔온 집안에서는 과거시험이 있는 날까지 산해진미를 대접하고 지극정성으로 모셨다. 그리고 과거시험이 벌어지는 날 그는 실력을 유감없이 발휘해 초시에 합격했다. 손가락 하나 까닥하지 않은 그 집안의 아들을 진사로 만들어 준 것이다. 후한 선물을 받고 고향에 내려간 그에게는 다음 시험 때 거벽 노릇을 해달라는 요청이 쇄도했다.

그러던 어느 날 영남에서 벌어지는 향시를 감독하기 위해서 한양에서 내려온 경시관이 영남 감사에게 물었다.

"영남에서 글재주가 제일 좋은 선비가 누구요?"

"그야 당연히 류광억이지요."

"그자의 글 솜씨가 뛰어나다는 얘기는 진즉에 들었소이다. 내 이번에 그의 글을 장원으로 뽑아보겠소."

경시관이 호언장담하자 영남 감사가 고개를 저었다. 거자들이 내는 시권은 봉미법이라고 해서 인적사항이 적힌 윗부분을 접어 봉인

하도록 되어 있다. 따라서 이걸 풀지 않고는 누구의 글씨인지 알기 어렵다. 하지만 경시관은 찾아낼 수 있다고 호언장담했다. 과거시험이 열리고 채점을 하게 된 경시관은 수북하게 쌓인 시권들 중에서 류광억의 글이라고 생각되는 것을 1등으로 뽑고 나머지 중에서 2, 3등을 뽑았다. 하지만 채점이 끝나고 봉인된 부분을 풀자 1등은 물론이고 2등과 3등에서도 류광억의 이름은 보이지 않았다. 망신을 당한 경시관은 어찌된 일인지 사정을 알아봤다. 그러자 1, 2, 3등 모두 류광억이 쓴 글이라는 사실이 밝혀졌다. 세 명의 거벽 노릇을 하면서 받은 돈에 따라서 등수를 조정되도록 쓴 것이다. 믿기지 않는 이 이야기는 비극으로 끝난다. 사정을 알았지만 시권에 류광억의 이름이 없어서 증명할 길이 없자 경시관은 그를 한양으로 데리고 가서 자백을 받을 생각이었다. 하지만 체포하라는 명령이 떨어졌다는 사실을 들은 류광억은 자신을 과적, 즉 과거 부정에 연루된 자로 끌려가면 살아남지 못할 것이라고 오해했다. 그러자 친구와 친척들을 불러서 큰 잔치를 열어 실컷 취한 후 강물에 몸을 던졌다.

〈류광억전〉을 쓴 이옥은 그를 마음을 파는 자라고 비난했다. 하지만 류광억으로 하여금 마음을 팔게 한 것은 다름 아닌 세상이었다. 공정한 경쟁은 아무리 치열해도 깨끗하게 승복하고 다음 기회를 노리게 만든다. 하지만 기득권을 지키기 위한 그들만의 리그는 한 국가나 왕조를 멸망의 길로 이끈다. 그 과정도 문제지만 그렇게 뽑힌 인물들이 이끌어갈 나라가 제대로 흘러갈 리는 없지 않을까?

가볼 만한 곳

창덕궁 영화당

창덕궁 후원에 있는 영화당은 광해군 때 처음 세워졌다. 영화당 앞 춘당대라는 넓은 뜰에서 임금과 신하들이 연회를 베풀었다. 그러다 정조 때부터 과거시험이 치러져 소과에 합격한 거자들이 대과를 보았다. 지금은 후원에 속하면서 미리 예약을 하고 들어가야 한다. 그리고 춘당대도 춘당지라는 연못으로 바뀌었지만 영화당은 그대로 남아 있다. 아마 이곳에서 임금이 내려다보는 가운데 대과가 치러졌을 것이다.

화성행궁

정조가 건설한 화성행궁의 낙남헌에서도 과거시험을 봤다. 3년마다 한 번씩 보는 식년시가 아니라 별시의 형태로 본 과거였다. 낙남헌 말고 봉수당에서는 작년 9월 과거시험을 재현하는 행사가 치러졌다.

강화역사박물관

강화군 화점면 부근리에 강화역사박물관이 있다. 이곳에는 선사시대부터 현대까지 이르는 강화도의 역사를 볼 수 있는 각종 유물들이 전시되어 있다. 특히 이곳에는 조선시대 과거 응시자들이 제출한 답안지인 시권이 전시되어 있다. 근처에 있는 강화고인돌공원과 함께 둘러보는 것도 괜찮다.

20

추노객推奴客

노비 사냥꾼

인간 사냥

"놈들이 왔대. 놈들이……."

춘궁기라 먹을 게 없어서 아침나절에 뒷산에 소나무 껍질을 베러 갔던 남편 애녹이 뛰어 들어오면서 외쳤다. 김진사네 장례식에 곡을 하고 받은 보리쌀 한줌을 가지고 막 돌아온 은곡은 파랗게 질려 버렸다.

"저, 정말이요?"

"그래. 앞마을 석순이네가 그놈들한테 끌려갔데. 얼른 보따리 챙겨가지고 나와. 먹골재에 가서 숨어있어야겠어."

"알았어요."

또 도망치다 잡히면 발뒤꿈치에 구멍을 내고 끈으로 엮어버린다고 했던 주인마님의 얼굴을 떠올린 은곡은 안방구석에 있는 보따리와 보리쌀이 든 주머니를 집어 들고 얼른 짚신을 신었다. 그사이 마당에서 바깥을 살펴보던 애녹이 얼른 나오라고 재촉을 했다. 원래 살던 가족들이 전염병으로 몰살을 당한 이후 비어버린 집에 살던 터라 애착이 가는 세간은 없었다.

싸리문으로 나온 은곡은 애녹의 손을 잡고 뒷산으로 뛰었다. 이렇게 살다가는 미쳐버리고 말겠다는 생각에 그녀는 같은 마을에 사는 외거노비 애녹과 함께 야반도주를 한 게 4년 전이었다. 그동안 황해도의 은광산부터 강원도의 화전민 마을까지 떠돌아다녔다가 작년 겨울에 겨우 자리를 잡았다. 남편이 농사일을 도와주고 받아온 품삯에 그녀가 동네에서 이런저런 허드렛일을 하면서 겨우 입에 풀칠이나마 할 수 있게 된 것이다.

남편 애녹은 여유가 생기면 보충대補充隊에 들어가겠다고 말했다. 고생스럽기는 하지만 보충대를 나오면 노비라는 신분에서는 벗어날 수 있기 때문에 그녀도 적극적으로 찬성했다. 하지만 봄부터 한양에서 추노꾼이 내려왔다는 소문이 돌았다. 그때 도망쳤어야 했는데라고 속으로 생각한 그녀는 아랫입술을 깨물었다. 추노꾼들이 마을 사람들에게 두 사람이 도망친 노비라고 떠들면 이곳에서도 지낼 수가 없다. 이런저런 생각을 하며 고갯길을 올라가던 그녀가 그만 튀어나온 돌부리에 걸려서 넘어지고 말았다. 품에 안고 있던 주머니가 바닥에 떨어지면서 보리쌀이 바닥에 쏟아졌다.

"아이고."

바닥에 주저앉은 그녀가 손으로 주워 담자 애녹이 소맷자락을 잡아끌었다.

"뭔 짓이야. 얼른 일어나."

"어떻게 해서 받아온 건데요."

울먹거리는 그녀가 겨우 긁어모은 보리쌀을 움켜쥐고 일어났다. 좁은 오솔길을 따라 올라가는데 앞쪽에서 부스럭거리는 소리가 들렸다. 가슴이 털컥 내려앉은 은곡은 애녹의 손을 바짝 움켜쥐었다. 덜덜 떨면서 쳐다보는 두 사람 앞에 낯선 사내들이 모습을 드러냈다. 소가죽으로 만든 조끼인 반비만 걸친 매부리코 사내는 긴 창포검을 들고 있고, 패랭이를 쓴 뒤쪽의 두 사내는 쇠도리깨를 쥐고 있다. 두 사람을 본 매부리코가 다른 사내들을 돌아보면서 말했다.

"거봐. 내가 들쑤시면 알아서 도망칠 거라고 했잖아."

그러자 패랭이를 쓴 사내 한 명이 품속에서 접힌 종이를 꺼내서 펼쳐봤다.

"용모파기를 보니까 이년놈들이 맞아."

패랭이를 쓴 사내의 말에 매부리코가 허리춤에 차고 있던 포승을 꺼냈다.

"얌전하게 오라를 받으면 험악한 꼴은 안 볼 거야."

겁에 질린 그녀의 앞을 가로막은 애녹이 손으로 꺾은 나뭇가지를 휘두르면서 소리쳤다.

"가, 가까이 오지 마."

피식 웃은 매부리코가 창포검을 가볍게 휘둘렀다. 허공에 쇠를 긁는 소리가 잠깐 들리더니 나뭇가지가 두 동강이 나버리고 말았다. 짧아진 나뭇가지를 버린 애녹이 바닥에 굴러다니는 돌을 집어 들려고 하자 패랭이를 쓴 사내가 재빨리 다가와 쇠도리깨를 휘둘렀다. 어깨에 쇠도리깨를 맞은 애녹이 피를 토하면서 쓰러지자 매부리코가 짜증을 냈다.

"저러다 병신되면 주인이 싫어한다고 했잖아."

그러자 패랭이가 쓰러진 애녹을 발로 툭 걷어차면서 말했다.

"벌써 두 번이나 도망친 놈이잖아. 어디 하나 부러뜨려놔야 고분고분하게 끌려오지."

"아무튼 잘 묶어."

머리채를 붙잡힌 은곡은 오랏줄에 묶이느라 손에 쥐고 있던 흙 묻은 보리쌀을 떨어뜨리고 말았다. 쇠도리깨를 맞은 어깨가 부러졌는지 축 늘어진 애녹도 두 팔이 뒤로 결박당한 채 묶이고 말았다. 넋이 나간 그녀에게 매부리코가 다가와서 말했다.

"주인이 네년한테 화가 좀 났나봐. 자기한테 끌고 올 때는 발뒤꿈치에 구멍을 꿇고 가죽끈으로 엮어서 데리고 오라고 하더라고."

누런 이를 드러내며 웃는 매부리코의 웃음소리 너머로 주인마님의 모습을 떠올린 그녀는 두 눈을 질끈 감아버리고 말았다.

자유를 향한 탈주

몇 해 전 조선시대를 배경으로 두 남자의 쫓고 쫓기는 대결을 담은 드라마 〈추노〉가 꽤 높은 시청률을 올렸었다. 이 드라마에는 도망친 노비와 그를 쫓는 추노꾼이라는 존재가 등장한다. 추노꾼은 오늘날로 치면 현상금 사냥꾼이라고도 할 수 있는데, 그렇다면 이 직업이 실제로 존재했을까? 일단 조선시대 내내 노비의 도망 문제는 사회적 문제였던 것은 사실이다. 그렇게 된 이유는 조선시대 양반들의 재산 목록 1호가 바로 노비奴婢였기 때문이다. 남자와 여자 종이라는 뜻의 이 단어는 양반들에게는 오늘날 아파트나 노른자땅, 혹은 잔고가 빵빵한 은행통장 같은 것이었다. 조선시대에는 지금의 부동산 개발과 같은 것이 없었으니 땅값이 갑자기 오를 일은 없었다. 논과 밭은 농사를 지어야 하기 때문에 적잖게 손이 들어갔고, 장사는 양반이 하는 일이 아니었다. 반면 노비는 논과 밭을 경작할 때 써먹을 수 있고, 집안의 잡일들에 부려먹기 편했다. 거기다 양반의 체통을 지키기 위한 여러 가지 일들, 예컨대 넓은 집을 관리하거나 제사를 모시는 일에 노비들의 손이 절대적으로 필요했다.

조선시대 노비는 크게 국가에 속한 공노비와 개인이 소유한 사노비로 나뉜다. 공노비는 관청에서 허드렛일을 하거나 신공身貢이라는 일종의 세금을 바쳐야 했다. 개인이 소유한 사노비는 주인의 집에서 먹고 자면서 일을 하는 솔거노비와 따로 거주하는 외거노비로 나뉘었다. 마당쇠뿐 아니라 밖에서 사는 노비도 적지 않았는데, 외거노비 중에는 주인집 근처에 사는 경우도 있었지만 멀리 떨어져 사는 경우도 많았다. 양반들이 혼인 등을 통해 다른 지역 땅을 가지게 된 경우 노비를 보내 관리해야 했기 때문이다. 노비는 국가 대신 주인에게 신공을 바쳐야 했다. 솔거노비를 이용해서 농작물을 수확하거나 외거노비가 바치는 신공이 양반가의 주요 수입원이었다.

노비의 또 다른 장점은 앉아서 재산 불리기가 가능하다는 점이었다. 논밭을 새로 얻기 위해서는 비용을 들여 구입해야 했지만 노비의 경우에는 혼인을 통해 자식을 낳는 것으로 주인의 재산을 늘려주었다. 노비의 자식은 당연히 주인의 소유였기 때문이다. 그렇다면 계집종과 일반 백성이 결혼해서 낳은 자식은 어떻게 되었을까? 국가 입장에서는 개인 소유의 노비 수가 늘어나는 것이 반가운 일은 아니었다. 국가가 걷을 수 있는 세금과 노동력이 줄어들기 때문이다. 하지만 양반들은 자신의 소유인 노비를 늘리는 일에 혈안이 되었다. 왕권과 기득권의 이익이 정면충돌한 것이다. 애초에는 아버지의 신분에 따라서 자식의 신분이 결정되었다. 그러니까 아버지가 양인이면 어머니가 노비라고 해도 그 자식은 양인의 신분을 가지게 되는 것이다. 이렇게 되자 양반들은 자기 소유의 노비를 양인과 혼인시키지 않았다. 하지만 계집종들은 자식을 위해서 어떻게든 양인과 관계를 맺으려고 했다. 그러자 양반들은 몇 가지 악용된 사례들을 들어 어머니의 신분에 따라서 자식의 신분을 결정하는 노비종모법을 주장했다. 이후 계속 바뀌었지만 결국 18세기 초중반에 접어들면서 노비종모법이 확정되었다. 기득권층이 승리한 것이다. 양반들은 정의가 승리했다며 좋아했지만 기쁨은 잠시뿐이었다. 노비들의 탈출이 시작되었기 때문이다. 체제는 견고해졌지만 정작 시스템이 허물어져버렸기 때문이다.

사실 노비들의 탈주는 조선 전기에도 심심치 않은 문제였다. 하지만 임진왜란과 병자호란을 겪으면서 견고했던 혹은 견고하다고 믿었던 신분 체제가 힘없이 무너지는 모습을 수많은 사람들이 목격했고 이러한 현상은 노비들의 탈주로 이어졌다. 노비들이 도망가서 숨을 만한 곳이 늘어났기 때문이다. 실제로 화폐가 통용되고 상업이 발달하면서 시장과 광산이 생겨났다. 아울러 흉년과 전염병, 그리고 관리들의 수탈이 가속화되면서 농민들이 고향을 버리고 떠도는 일이 비일비재해졌다. 이 와중에 노비들도 탈주 행렬에 끼어들었다.

주인이 한눈을 파는 틈을 타서 도망치면 쉽사리 잡을 수가 없었다. 조선 후기 양반들이 쓴 글을 보면 도망 노비에 관한 걱정과 원망, 증오가 꽤 자주 등장한다. 노비들도 할 말은 있었다. 그들의 삶도 벼랑 끝에 몰렸기 때문이다. 본래 사노비들은 국가에 대해서 어떠한 의무도 지지 않았다. 오직 그들의 주인에게만 복종하고 신공을 바치면 그만이었다. 하지만 임진왜란과 병자호란을 거치면서 재정이 악화된 조정에서는 노비들에게도 의무를 부과했다. 숙종 때 경상도의 호적대장을 보면 사노비들이 군영에서 허드렛일을 한 것을 확인할 수 있다. 남의 일이었던 군대에도 가야만 했다. 임진왜란 때 창설된 속오군은 모든 장정을 총동원하는 일종의 예비군인데 여기에 노비도 입대를 해야 했다. 그런데 지금처럼 병영에서 먹여주고 재워주면서 훈련을 시킨다면 모르지만 재정이 부족했던 조선에서는 농한기를 이용해서 군사훈련을 하면서 관련 비용을 모두 개인에게 떠넘겼다. 이렇게 국가가 노비들에게까지 의무를 부과하면서 문제가 생겼다. 이들에게는 본래 주인에게 바쳐야 할 신공이 있었기 때문이다. 국가의 재정이 부족한 상황이라 노비들에게 봉급이나 대가를 지불할 리는 없었다. 그렇다고 노비의 주인이 그 사정을 봐주고 신공을 안 받을 리도 만무했다. 결국 의무만 잔뜩 부과된 셈이 되어버렸다.

조선 후기 백성들을 괴롭혔던 환곡 문제도 노비들에게는 직격탄이었다. 앞서 설명했듯이 주인이 집에 데리고 있는 솔거노비에게는 최소한 먹을 것을 주기는 했지만 외거노비는 생계문제를 알아서 해결해야 했다. 주인은 단지 신공을 받는 것만 신경 썼을 뿐이었다. 돌봐줄 부모나 형제는 주인이 다른 곳에 팔아버려서 없는 경우가 다반사라 빚을 지게 되면 벗어날 방법이 없었다. 이런 상황은 노비, 특히 외거노비로 하여금 도망을 선택하게 내몰았다.

노비들이 도망치게 된 또 하나의 요인은 바로 양반 주인의 몰락이었다. 주인이 권세가 강하면 노비도 선불리 도망칠 생각을 못했을 것이다. 하지만 조선 후기 들어서 노비들의 양반 주인이 힘이 약해지는 경우가 생겨났다. 그럴수록 주인은 노비가 바치는 신공에 의지했다. 주인과 국가 양쪽의 시달림을 받게 된 노비들은 궁여지책으로 도망이라는 선택을 하게 된 것이다. 자유를 찾아 떠났다기보다는 어쩔 수 없는 최악의 상황에서 도망이라는 방법을 선택하게 된 셈이다. 어쨌든 양반들로서는 난세도 이런 난세가 없었을 것이다. 눈뜨고 당할 수 없었던 양반들은 직접 자신의 재산을 찾아 나섰다. 본격적인 노비 사냥에 나선 것이다.

추노꾼은 실제로 존재했을까?

주인의 목적은 노비를 붙잡아오는 것이 아니었다. 정확히 말하자면 노비들한테 받아야 할 신공을 받아내는 게 목적이었다. 오랜 기간 도망쳤다가 잡히면 그만큼 내야 할 신공이 많았기 때문에 주인 입장에서는 로또를 맞은 것과 다름없었을 것이다.

그렇다면 도망 노비를 찾기 위해 양반들은 어떤 방법을 썼을까? 일단 도망친 노비를 찾아내는 일은 대단히 어렵고 힘들었다. 거기다 찾아냈다고 끝나는 게 아니었다. 붙잡아 와야 하는데 자포자기한 도망 노비가 오히려 주인을 구타하거나 살해한 경우도 적지 않았다. 〈추노〉의 주인공 대길이 같은 추노꾼은 이런 어려움을 해결해줄 수 있었다. 무기를 잘 다루고 무술 실력도 있는 데다가 도망 노비를 족집게처럼 찾아내는 노하우까지 가지고 있으니까 말이다.

그러면 도망 노비를 찾기 위해 양반들은 돈을 두둑하게 챙겨서 추노꾼을 찾아가서 부탁을 했을까? 대길이 같은 스타일의 추노꾼은 실제로 존재하지 않았을 가능성이 크다. 조선이라는 나라는 추노꾼이 설칠 만한 동네가 아니었다. 추노꾼 패거리가 도망친 노비를 찾는답시고 무기를 가지고 낯선 동네에 들어서면 당장 관아에서 보낸 사령들과 만나야 했다. 물론 대길이 정도 되는 추노꾼이라면 관아에서 보낸 사령쯤은 금방 제압할 수 있을 것이다. 하지만 그렇게 되면 오히려 추노꾼 일행이 범죄자가 되어버린다. 따라서 전문적인 추노꾼이 있다고 해도 무기를 들고 방방곡곡을 돌아다니면서 설치지는 못했다.

그러면 양반들은 어떤 방식으로 도망 노비를 찾았을까? 우선 이리저리 수소문을 해서 도망친 노비가 어느 곳에 사는지 알아냈다. 그다음에는 그 동네 수령에게 편지를 썼다. 여차저차해서 그 동네에 우리 집 노비가 도망친 것 같으니까 도와달라고 말이다. 그러면 편지를 받은 수령이 아전이나 사령을 보내서 노비를 잡아두거나 혹은 당사자가 내려갔을 때 도움을 줬다. 만약 그 동네 수령과 아는 사이가 아니라면 알 만한 사람에게 다리를 놔달라고 부탁을 했다. 조선시대 양반들의 일기를 보면 이런 청탁을 주고받은 내용들이 적지 않게 나온다. 그렇게 편지를 미리 보내놓거나 혹은 아는 사람의 편지를 가지고 현장에 직접 가야 했다.

추노꾼한테 맡기지 못하는 또 다른 이유는 다름 아닌 도망 노비가 자신의 노비였음을 직접 '증명'해야 했기 때문이다. 도망 노비들은 정착한 지역의 호적에 편입되었는데 당연히 가명을 대는 경우가 많았다. 결국 지금처럼 주민등록증이 없던 시절이라 호적이나 매매 문기 같은 증빙서류를 가지고 직접 증명해야 했다. 따라서 추노꾼이 도망 노비를 붙잡았다고 해도 직접 주인 앞으로 끌고갈 수는 없었다. 의외로 주인이라고 나서서 노비를 붙잡아놨더니 증빙 과정에서 도망 노비가 아닌 사실이 밝혀지거나 혹은 다른 꼼수를 저지른 경우가 많았다. 도망친 자신의 노비와 이름이 같다는 이유만으로 엉뚱한 사람을 붙잡거나 고의로 다른 사람의 노비를 자신의 노비라고 속이는 사기꾼들도 적지 않았다. 따라서 추노꾼이라고 해도 다짜고짜 칼을 휘둘러서 노비를 잡아다가 주인 앞에 끌고 갈 수는 없었다. 만약 주인이 사기꾼이거나 잘못 알고 있는 경우 엉뚱한 사람을 매질하거나 끌고 온 셈이 되어버린 것이다. 그렇게 되면 추노꾼들도 처벌을 면치 못했다.

이거 원, 노비 잡기 어렵네

추노꾼을 가로막는 거대한 장벽도 있었다. 다름 아닌 '국가'였다. 앞서 설명한 대로 국가는 노비가 늘어나는 상황을 결코 반기지 않았다. 한 명이라도 백성을 늘려야 세금을 걷고 군사로 징발할 수 있었기 때문이다. 따라서 흉년이나 기타 여러 가지 이유로 도망 노비를 찾는 일을 금지시키는 경우가 많았다. 아무리 날고 기는 추노꾼이라고 해도 왕명으로 추노 금지령이 떨어지면 손을 놓아야만 했다. 조정에서는 아예 변방이나 강화도 같은 섬 지역 같은 곳을 '추노 금지구역'으로 선포하기도 했다. 이는 도망친 노비들을 변방이나 섬 같이 인구가 희박한 곳에 정착시키고자 하는 정책의 일환이었다. 추노가 심해지면 민심이 어지러워졌고, 추노하는 과정에서 엉뚱한 백성들이 피해를 입는 사례들이 늘어나자 이를 막아야만 했다. 왕명으로 관리가 사사로운 부탁을 받고 추노를 돕는 것을 금지시켰다. 물론 왕 역시 기득권층이었으며 공노비들의 주인이었기 때문에 무작정 추노를 막지는 않았다. 하지만 국가라는 시스템을 운영하기 위해서는 노비보다는 백성들이 필요로 한 것은 사실이었다. 소송을 조장한다는 죄목으로 변호사나 법무사격이었던 외지부들을 탄압했던 것처럼 추노꾼 역시 조정의 탄압을 피하기는 어려웠을 것이다.

그렇다고 추노꾼이 없었다고 단정 짓기에는 미심쩍은 기록들이 몇 가지 있다. 현종 14년인 1673년 8월 14일자《실록》에는 대사간 이숙 등이 추노 과정에서 벌어진 살인사건에 대해서 고하는 장면이 나온다.

> "김포 사람 허정이 반노에게 해를 당하여 거의 죽다가 살아났고, 온 집안 식구가 거의 다 피살되었습니다. 포도대장 유혁연이 비

> 밀리 정읍현에 공문을 보내어 반노를 잡아서 전주에 옮겨 가두었는데 이미 죄상을 자백하자……."

이 얘기를 옆에서 듣던 사관이 남겨놓은 기록이 흥미롭다. 사관은 허정을 나그네처럼 떠돌면서 타인의 종을 협박하여 자기의 종으로 삼는 악행을 일삼는 자라면서 죽어도 아까울 것이 없다는 식으로 언급했다. 《현종개수실록》에는 사건만 남아 있고 사관의 논평 부분은 통째로 삭제되어 있지만, 어쨌든 이 얘기가 사실이라면 현종 때 이미 도망 노비를 추적하여 자기 종으로 삼거나 혹은 원래 주인에게 돌려주는 직업을 가진 사람이 있었다고 봐야 한다. 그리고 임금과 관료들이 이들을 어떤 시각에서 바라봤는지도 엿볼 수 있다. 따라서 추노꾼이 있었다고 해도 세상 밖으로 나올 수는 없었을 것이다. 숙종 때에는 종친인 이추가 무뢰배들을 휘하에 모아놓고 전국을 돌아다니면서 행패를 부렸는데 그에게 도망친 노비를 잡아달라고 하거나 빚을 받아달라고 청탁하는 경우가 많았다고 한다. 경종 때는 전라감사와 삼도수군통제사가 추노하는 사객을 접대하는 문제를 두고 다투다가 양쪽 다 처벌받은 사례가 있다. 영조 22년인 1746년 4월 15일자 《비변사등록》에서는 나주목사가 자신이 다스리는 관내 섬에 한양과 다른 지역에서 내려온 추노객들이 머물면서 행패를 부리는 바람에 섬 주민들이 큰 고통을 받고 있다고 하소연했다. 드라마에 나오는 전문적인 추노꾼은 모르겠지만 허정 같은 추노객이 전국을 돌아다니면서 도망친 노비들을 찾아내서 소송을 하거나 이추 휘하의 무뢰배들처럼 주먹을 통해서 해결하려고 했던 것으로 보인다. 워낙 수요가 많았으니 어떤 형태로든 대리인 혹은 청부업자가 존재했으리라고 보는 것이 맞는 듯하다.

노비가 사라지고……

양반들은 노비제도의 정당성을 주장하기 위해 도둑질을 할 경우 노비로 삼는다는 고조선의 팔조법까지 끌어들였다. 하지만 모델로 삼았던 중국에서는 오래전에 없어졌던 노비제도를 조선이 계속 유지하고 있는 것은 무엇으로 변명해도 자신들의 기득권 유지 때문이라고밖에 설명되지 않는다. 이렇게 시대에 맞지 않는 제도는 계속 삐걱거렸다. 결국 1801년 1월 28일 순조는 국가 소유의 노비 6만 6,000명을 해방시켰다. 공노비 혁파에 관한 윤음을 발표하고 노비 문서는 돈화문 앞에서 태워버리라고 지시했다. 개인 소유의 사노비들은 한 세기를 더 기다려야 했다. 1886년 3월에는 노비의 신분세습제도가 폐지되었다. 이제 부모가 노비라고 자식이 자동적으로 노비가 되는 일은 사라진 것이다. 아울러 일반 백성이 빚이나 기타 이유로 노비가 되는 것도 금지됐다. 그리고 1894년 갑오경장을 통해서 드디어 모든 신분제가 공식적으로 철폐되었다.

그러나 오랜 시간 이어온 신분제가 하루아침에 철폐될 리는 없다. 양반과 상놈이라는 보이지 않는 신분의 차별은 한말과 일제강점기 내내 이어졌다. 백정들의 경우에는 형평사를 조직해서 차별철폐운동을 펼쳐야 했다.

가볼 만한 곳

창덕궁 돈화문

1801년 1월 28일 공노비 혁파령이 내려지고 노비문서들이 불탄 장소다. 궁궐 앞에서 노비장부를 불태운 이유는 사람들에게 직접 보이기 위해서였을 것이다. 이때 약 1,400권의 노비장부가 잿더미로 사라졌다. 비록 한계가 명백하기는 했지만 신분제도의 철폐를 위한 첫걸음이라는 데 큰 의의가 있다고 할 수 있다.

21

무뢰배

공공의 적

무협드라마를 찍다

영조 9년1733년 5월 11일 한양, 깊은 밤.

사랑채에서 잠이 든 훈련대장 장붕익이 조용히 눈을 떴다. 달빛이 환한데다 더위 때문에 분합문을 들어 걸쇠에 달아놓은 탓에 뜰의 모습이 한눈에 들어왔다. 구석의 나뭇가지 위에서 울던 부엉이가 울음을 그쳤다. 그 고요함 속에서 사람이 내뿜는 숨소리가 들려오는 것을 깨달은 그는 이불을 걷고 일어났다. 보이지 않는 숨결에서 적의가 느껴지자 머리맡에 걸어둔 환도를 집어 들었다.

상대는 대청마루에 우뚝 서 있었다. 천정에 닿을 정도로 큰 키에 바지에는 행전을 찼고, 저고리의 소매에는 토시를 끼웠다. 손에는 긴 나무 지팡이를 들고 있었다. 산길을 걷거나 지게를 질 때 쓰는 것처럼 보였지만 장붕익은 단번에 정체를 꿰뚫어봤다.

"죽장검竹杖劍!"

장붕익의 중얼거림이 채 끝나기도 전에 상대방이 움직였다. 커다란 덩치라고는 믿겨지지 않을 만큼 빠르게 다가오자 장붕익은 저도 모르게 뒤로 물러났다. 죽장검을 뽑아든 상대방은 가슴을 노리고 그대로 밀고 들어왔다. 환도의 칼집으로 칼날을 옆으로 흘린 장붕익은 몸을 돌려 대청마루 쪽으로 빠져나갔다. 그러면서 환도를 뽑아들었다.

"네 놈은 검계로구나. 발뒤꿈치가 잘려나간 동료들의 복수를 하러 온 것이냐?"

상대방은 아무 대답도 없이 죽장검을 고쳐 잡았다. 이미 일합을 겨뤄본 장붕익은 그가 만만치 않은 검객임을 깨달았다. 호흡을 가다듬으면서 빈틈을 보이지 않게 환도를 비스듬히 앞으로 내민 채 상대방을 응시했다. 대청마루의 바닥이 두 사람이 발을 옮길 때마다 삐걱거리는 마른 비명소리를 냈다. 잠잠했던 부엉이가 다시 우는 것을 시작으로 상대방의 공격이 시작되었다. 달빛에 숨어버린 칼날은 거의 보이지 않을 정도로 빨랐다. 환도의 칼끝으로 겨우 공격을 막아낸 장붕익은 몸을 훌쩍 날려 뜰로 내려섰다. 상대방도 그를 따라 뜰에 내려섰다.

달빛이 비춰지자 상대방의 몸놀림이 제법 보였다. 여유 있게 죽장검을 막아낸 장붕익은 틈을 봐서 반격에 나섰다. 허리를 노리는 척하면서 곧바로 머리를 공격했다. 하지만 상대방 역시 예측하고 있었는지 몸을 돌려서 빠져나갔다. 기세가 오른 장붕익은 계속 몰아붙였다. 하지만 상대방은 중문까지 밀려나면서도 균형을 잃지 않았다. 회심의 일격을 피한 상대방이 그의 무릎을 노렸다. 간발의 차이로 칼끝을 피한 장붕익은 연달아 밀어닥치는 상대방의 공격 때문에 담장까지 밀려났다. 상대방이 휘두른 칼과 환도가 부딪치는 소리가 부엉이 우는 소리를 잠재웠다.

그때 싸우는 소리를 듣고 행랑채에서 하인들이 모습을 드러냈다. 그 소리를 들은 상대방은 바깥 문 쪽으로 움직였다. 뒤늦게 사태를 파악한 하인들이 도끼와 지게 작대기를 들고 막아서려 하자 장붕익이 외쳤다.

"물러서라. 너희들이 막을 상대가 아니다."

다가오는 하인들을 향해 위협적으로 칼을 몇 번 휘두른 상대방이 바깥문 쪽으로 달려가는 걸 본 장붕익은 서둘러 뒤따라갔다. 하지만 상대방은 바깥문 대신 담장 너머로 훌쩍 넘어가버렸다. 간발의 차이로 놓친 장붕익은 뒤따라가려는 하인들을 만류했다.

"놔둬라. 따라간다 해도 못 잡을 것이다."

"거, 검계 놈들입니까?"

낫을 쥔 공돌 아범의 물음에 이마의 땀을 손등으로 닦아낸 장붕익이 고개를 끄덕거렸다.

그의 집에 자객이 들었다는 소문은 삽시간에 퍼져나갔다. 심지어 임금의 귀에까지 들어가서 주강晝講 때 특진관으로 들어온 그에게 물을 정도였다. 장붕익은 태연한 얼굴로 대답했다.

"잠결에 창밖에 비치는 사람 그림자를 보고서 칼을 들고 나갔습니다. 그 자가 칼을 가지고 대청마루 위에 섰다가 이내 뛰어서 뜰 아래로 내려가므로 함께 칼날을 맞대고 교전하여 외문까지 옮겨갔습니다. 그러다가 그 자가 몸을 솟구쳐 담에 뛰어 올라 달아났습니다."

폭력으로 먹고살다

당사자인 장붕익은 영조에게 아무렇지도 않게 얘기했지만 실제로 밤중에 자객과 마주쳤다면 십중팔구는 그대로 기절하고 말았으리라. 그렇다면 대체 누가 종2품의 무관이자 한양을 지키는 수도방위군 격인 훈련도감의 지휘관을 암살하려고 했을까? 자객의 정체나 배후는 끝끝내 밝혀지지 않았지만 조선시대의 이단아인 무뢰배들로 결성한 검계의 일원인 것으로 추정된다. 왜냐하면 당시 장붕익은 영조의 명으로 조선판 범죄와의 전쟁이라고 부를 수 있는 '검계와의 전쟁'을 치르고 있는 중이었기 때문이다. 조선시대에 웬 호들갑이냐고 반문할 사람도 있겠지만 잔인함이나 규모로만 따진다면 지금의 조폭들보다 당시의 무뢰배나 왈자들이 한수 위였다.

장길산이나 임꺽정 같은 도적이었다면 차라리 위정자들 입장에서는 다루기 편했을지 모른다. 하지만 이들은 일종의 '게릴라'였다. 낮에는 조용히 있거나 평범한 삶을 살다가 밤이 되면 칼을 차고 무리를 지어 다니면서 행패를 부렸다. 도적들이 탐관오리의 재물을 빼앗아서 가난한 사람들을 도와주면서 의적이라는 칭호를 받기도 했지만 이들은 그런 것에는 관심이 없었다. 오직 재물을 약탈하고 위력을 과시하는 것뿐이었다. 이들의 활동은《실록》은 물론이고《연려실기술》에서도 상당수 찾아볼 수 있는데 숙종 때는 한양에 모여서 습진, 군사훈련까지 했다는 기록이 보인다. 지금으로 치면 광화문 광장 앞에 어깨들이 모여서 형님들에게 90도로 인사하면서 떼를 지어 다니는 것과 다를 바가 없다.

조정에서 주동자들을 잡아 처형하면서 검계의 기세는 꺾였지만 끈질긴 생명력으로 영조 때 다시 살아난다. 그러자 영조는 포도대장 장붕익에게 이들을 다스리라고 명했다. 장붕익은 체포된 검계의 구성원인 무뢰배들의 발뒤꿈치를 베는 형벌을 시행했다. 죄인에게 치는 곤장과 형구의 규격을 직접 정할 정도로 형벌의 남용을 막던 영조 시대에 이례적인 일이었다. 무뢰배들은 장붕익에게 자객을 보낼 정도로 극렬하게 저항했지만 결국은 숨어들어야 했다.

영조시대의 유명한 광대인 광문의 이야기를 담은 한문소설 〈광문자전〉에 등장하는 표철주도 무뢰배였다. 하도 난폭하게 날뛰어서 표망동이라는 별명이 붙은 그는 장붕익을 피해 오랫동안 도피생활을 했는데 죽으면 저승에서 그를 만날까봐 죽지도 못한다고 푸념을 할 정도로 두려워했다.

이렇게 장붕익이라는 임자를 만난 검계는 역사 속으로 사라져버렸을까? 검계는 심한 탄압을 받고 수면 아래로 사라졌지만 무뢰배는 사라지지 않았다. 순조 3년인 1803년 8월 9일자《실록》에 사간원 사간 이동식의 상소에 다시 등장하면서 화려한 부활을 알렸다.

> "문무백관들이 게으르고 법의 기강이 해이해지면서 검계의 이름이 나오기에 이르렀습니다. 이들로 인해서 풍속이 허물어지고 세도가 무너짐이 이루 말할 수 없습니다. 무뢰한 무리들이 사람들을 불러 모아 무리를 이루고, 소와 송아지를 팔아서 검을 차고 다니며 하늘을 두렵게 여기지 않습니다. 아울러 돈을 추렴하여 개와 돼지를 잡지 않는 날이 없으며, 약탈하는 것을 생계로 삼고, 능욕하는 것을 자랑으로 삼고 있습니다. 심지어 고관들의 집에 침입하여 재상을 꾸짖어 욕보이고, 깊은 규방에 돌입하여 부녀자를 때리는 등 행패를 부리고 있습니다……."

정조 때 잠깐 잠잠했다가 도로 기세를 찾은 것이다. 이규상이 쓴 〈장대장전〉을 보면 검계원들이 어떤 모습으로 다녔는지 알 수 있다. 그들은 낮에는 자고 밤에 주로 활동했으며, 앞을 볼 수 있도록 구멍을 낸 삿갓을 푹 눌러쓰고 다녔다. 안에 비단옷을 입고 밖으로는 낡은 옷을 걸쳤으며, 비가 오는 날에는 짚신을 신고 반대로 맑은 날에는 나막신을 신고 다녔다. 아울러 검계의 일원이 되기 위해서는 몸에 칼자국이 있어야 했다. 뭐든 반대로 하고 다니는 걸 보면 청개구리과가 아닌가 싶지만 세상에 대한 반항을 은연중에 드러낸 것이라 볼 수도 있다. 요즘은 덜하지만 예전에 조폭의 상징은 살찐 몸과 빡빡머리, 그리고 검정색 정장이었다. 조선시대 검계를 구성한 무뢰배들도 아마 조폭들처럼 눈에 잘 띄었을 것이다.

무뢰배의 기원은 숙종 때 좌의정 민정중의 얘기에서 찾아볼 수 있다. 검계원들이 대놓고 군사훈련을 하는 바람에 조정이 발칵 뒤집혀진 지 2주가 지난 후의 일이다. 체포된 무뢰배들의 처벌에 대해서 숙종에게 고하던 민정중은 검계가 향도계에서 비롯되었다고 말한다.

> "무뢰한 자들이 무리를 맺어 횡행하는 것은 이미 포도청에서 잡아 다스렸습니다. 신은 그것이 어디에서 말미암았는지를 따져보았는데 사실은 향도계에서 말미암은 것입니다. 향도계라는 것은 백성이 계를 맺어 무리를 모아서 장례를 치르기 위한 것입니다. 이 향도에게는 사대부士大夫와 종친들도 많이 들었는데, 무리를 모을 때에 그 사람이 착하고 악한 것을 묻지 않고 다 거두어 들였다고 합니다. 상여를 맬 때는 소란을 피우고 행패를 부리면서 아울러 도가라는 조직을 결성해서 죄를 지은 자들을 거리낌 없

이 받아들이고 있습니다."

숙종 10년(1684년) 2월 25일자 《실록》에서

예나 지금이나 장례를 치르는 데는 많은 인원과 돈이 필요하다. 지금처럼 은행이 없던 시절이니 목돈을 갑자기 마련하기 쉽지 않았다. 향도계는 장례를 순조롭게 치르기 위해서 사람들끼리 만든 조직이다. 조직이 생기고 돈이 모이면 이런저런 파리 떼들이 꼬이기 마련이다. 아파트 재개발 조합이 비리의 온상이 된 것처럼 향도계 역시 돈과 조직을 노리거나 혹은 그것들을 지키기 위해 고용된 어깨들이 자리를 차지하게 되었다. 이들이 바로 무뢰배들이다.

민정중은 무뢰배들의 온상이 된 향도계를 없애고 향약으로 대체할 것을 주장했다. 그렇게 향도계는 사라져갔지만 무뢰배는 없어지지 않았다. 사실 무뢰배는 조선시대에 광범위하게 사용되었다. 변호사나 법무사 격인 외지부나 노비를 추쇄하던 추노객들은 물론 백정이나 유민같이 조금이라도 의심스럽거나 반항하는 집단에게는 어김없이 무뢰배라는 딱지가 붙었다. 하지만 조선 후기 접어들면서 무뢰배는 하나의 직업으로 인식되어갔다. 바로 검계 때문이었다. 지금으로 치면 검계는 조직이 되겠고, 무뢰배는 조직을 구성하는 폭력배나 건달이라고 볼 수 있다. 이들은 앞서 설명한 대로 유난스럽게 차려입고 다니면서 세를 과시하고 행패를 부렸다. 폭력을 밑천삼아서 재물을 강탈하기 위해서였다.

그들이 나타난 이유

조선 후기에는 화폐경제의 발달과 더불어 계층 간의 분화가 심각해졌다. 경강이라고 불리는 한강을 무대로 경강상인들이 막대한 재물을 축적한 것도 이 시기였다. 육의전에서는 역인청役人廳이라는 일종의 어음 교환소가 생겼는데 이곳에서는 담보대출까지 해주었다. 이렇듯 조선 후기는 전기와는 비교할 수 없을 정도로 자본주의가 발달했다. 이앙법의 본격적인 도입으로 인해 농민들 간에도 빈부격차가 점점 커져가던 시기였다.

아울러 관리들의 수탈이 심해지면서 고향을 떠난 유민들이 늘어났다. 빈손이 된 이들이 향한 곳은 한양이었다. 경화세족이라고 불리는 귀족화된 세습 양반들의 화려함과 굶어 죽어가는 일가족의 비참함이 공존하는 한양이라는 공간은 조선 후기의 모든 갈등을 그대로 드러냈다.

무뢰배들은 그런 갈등의 빈틈에서 태어난 어둠의 존재들이었다. 앞서 설명한 대로 향도계처럼 사람과 돈이 모이면 자연스럽게 이권다툼이 벌어질 수밖에 없었다. 국가가 이런 갈등을 효과적으로 중재해주지 못하면 사람들은 자연스럽게 손쉬운 해결책을 찾게 마련이었다. 향도계에서 다투어서 무뢰배들을 받아들인 이유도 이 문제와 연관이 있을 것이다.

그렇다면 대체 어떤 사람들이 무뢰배로 먹고살았던 걸까? 무뢰배에 대한 얘기는 《실록》을 비롯해서 〈장대장전〉과 〈광문자전〉에 자세하게 나와 있다. 하지만 검계와 무뢰배에 대한 비난과 행적에 대해서만 서술할 뿐 어떤 사람들이 무뢰배가 되었는지에 대해서는 자세하게 나와 있지 않다. 무뢰배의 사촌이라고 할 수 있는 왈짜의 경우 일명 '왈짜 타령'이라고 불리는 〈무숙이 타령〉의 원본격이라고 할 수 있는 한글소설《게우사》에 상세하게 나와 있다. 한양의 왈짜인 김무숙과 평양 기생으로 내의원에서 일하는 의양을 주인공으로 소설 속 왈짜들은 내금위장을 비롯해서 선전관 같은 관리들과 역관과 서리 같은 중인들 그리고 무예별감과 의금부 나장 같이 유흥계를 휘어잡은 이들도 포함되어 있다.

하지만 이렇게 확실한 밥벌이가 있는 자들이 유난스럽게 차려입고 돌아다니면서 행패를 부리는 무뢰배가 되거나 자칫하면 발뒤꿈치가 잘리는 위험을 무릅쓰고 굳이 검계에 몸을 담을 수는 없었다. 위정자들이나 그들에 대한 기록을 남겨놓은 양반들은 무뢰배의 특이한 옷차림이나 습성, 그리고 그들이 저지르는 행패와 폭력에 초점을 맞췄다. 이렇게 표면적인 현상에만 눈길을 돌렸기 때문에 이들이 왜 생겨났고 기세를 떨치는지 명확하게 파악하지 못했다. 기껏해야 관리들이 게을러서 기강이 해이해지고 법이 엄격하게 적용되지 않았기 때문에 무뢰배들이 설친다는 원론적인 얘기만 했을 뿐이다. 사실 변명 아닌 변명이 될 수 있지만 무뢰배는 보기에는 멋져 보일지 몰라도 몸으로 먹고살아야 하는 지극히 피곤한 직업이었다.

무뢰배가 되었거나 될 수밖에 없었던 가장 큰 이유는 그들 중 많은 이가 빈손으로 한양에 올라온 빈민이었기 때문이다. 그들은 경강 근처에 허름한 움막을 짓고 품을 팔았다. 그들을 통틀어 강대 사람들이라고 불렀다. 당연히 못 배워서 무식하고 억세기만 하다는 편견 아닌 편견이 뒤따랐다. 꿈도 희망도 없는 이들에게는 무뢰배라는 직업은 또 다른 출구이자 희망이었으리라. 조수삼이 쓴《추재기이》에는 경강을 무대로 활약한 협객 김오흥의 얘기를 볼 수 있다. 힘이 좋고 날랜 그는 싸움이 벌어지면 약한 자의 편을 들어주었는데 이 때문에 강대 사람들이 나쁜 짓을 하지 못했다고 설명한다. 김오흥은 다행히 심성이 착하고 정의로운 인물이었지만 그렇지 않은 사람들이 더 많았으리라. 무겁게 짐을 나르지 않고, 남들에게 큰소리를 치는 것만으로도 먹고살 수 있다는 유혹은 쉽게 뿌리치지 못하는 법이니까 말이다. 실제로 경강에 세금으로 걷은 곡식을 실은 배가 도착하면 무뢰배들이 몰려와서 반 강제로 강탈하거나 창고로 옮기는 와중에 훔쳐가는 일이 비일비재했다. 아마도 강대 사람들이 주축이 되지 않았나 싶다.

이 밖에도 경강상인들과 결탁해서 이권을 장악하기도 했다. 시전을 관리하는 평시서에서 시전 상인과 난전 상인들 간의 분쟁을 기록한《각전기사》에서 무뢰배들이 어떻게 활약했는지를 엿볼 수 있다. 경강을 무대로 객주를 운영하고 있던 차천재와 임번 등은 재물을 어느 정도 모으게 되자 마포로 진출했다. 마포에는 해산물이 많이 모여서 큰돈을 벌 수 있었기 때문이다. 하지만 이들에게는 금난전권을 가진 시전 상인들이라는 장애물이 있었다. 이들이 긁어모은 해산물을 직접 팔면 큰돈을 벌 수 있지만 시전 상인들의 방해 때문에 쉽지 않았다. 이들은 고민 끝에 나라에서 허가를 받았다는 거짓 문서를 만들고 강가에 시장을 설치했다. 그리고 삼강의 무뢰배 70명을 모아서 행동대원으로 삼았다. 무뢰배들은 금난전권을 앞세워서 압박하는 시전 상인들을 몰아내는 한편, 이들에게 해산물을 팔지 않으려는 상인들을 협박하는 일을 했다. 권력가라고 할 수 있는 종친의 밑에서 노비를 추쇄하거나 빚을 받아내는 일에 앞장서기도 했다. 무뢰배들은 빚을 받아내기 위해 채무자를 고문하거나 큰 궤짝에 가두는 짓을 서슴지 않았다. 의뢰인은 관청에서 해결해주지 못한 일을 가지고 왔다고 했으니 일종의 해결사 노릇을 한 셈이다. 이들은 자신의 행패를 막으려는 관리의 집에 쳐들어가서 협박을 하거나 부수기도 했다.

오늘날 각종 이권사업에 개입해서 경쟁자들을 협박하거나 권력가의 하수인 노릇을 하는 조직폭력배들의 모습과 매우 유사하다. 이 밖에도 각종 시비가 벌어지면 앞장서서 주먹질을 하는 일을 도맡아 했다. 이들은 녹봉을 보관하는 창고에도 나타났다. 오늘날에는 지하철역 이름으로 남아있는 광흥창에서 매달 21일 관리들에게 녹봉을 지급했다. 늦게 받으면 묵은 곡식을 받을지 몰라 다들 빨리 가서 받아오려고 했기 때문에 큰 혼란이 벌어졌다. 윗사람은 윗사람대로 새치기라도 해서 빨리 받아가려고 했고, 아랫사람들은 그럴수록 안달을 냈으니까 말이다. 자연스럽게 창고지기와 시비가 붙었고, 이 와중에 주먹질과 욕설이 오갔다. 무뢰배들은 이런 혼란을 틈타 곡식을 훔쳐갔는데 어쩌면 혼란을 주도한 이가 이들일지도 모른다.

과거시험 역시 무뢰배들에게는 매력적인 돈벌이였다. 과거시험장에 제일 먼저 들어가서 자리를 잡는 선접꾼을 하려면 완력이 필요했고, 무뢰배들에게 제격이었다. 지방에서 치르는 초시 시험장에도 진출했는데 미리 좋은 자리를 차지해놓고는 높은 값에 파는 일을 했다. 이렇게 폭력과 공포로 길거리를 지배했던 무뢰배들 역시 개항과 근대화를 피해갈 수는 없었다. 총칼을 앞세운 침략자들 앞에서 무뢰배들은 김두한으로 대표되는 건달로 변신했다. 광복 이후 주먹 대신 몽둥이와 회칼로 무장한 이들은 정부의 탄압 속에서도 오늘날까지 끈질기게 살아남아 있다.

무뢰배들의 아르바이트

조선 후기 들어 가장 혼탁해진 제도가 바로 과거제도였다. 정권을 장악한 당파가 자신의 세력을 불리기 위해 대리시험이나 점수 퍼주기를 눈감아주었기 때문이다. 무과 역시 마찬가지로 혼탁했는데 여기서는 좀 더 잔인하고 효과적인 방법이 쓰였다.

첫날 시험장에서 두각을 나타낸 무과 응시생들에게 찾아가 시비를 걸어서 부상을 입힌 것이다. 무과시험은 며칠간에 걸쳐서 치러지기 때문에 중간에 다치기라도 한다면 나머지 시험을 망칠 수밖에 없었다. 사주를 받은 무뢰배들은 점찍어놓은 응시생들이 머무는 곳에 나타나 행패를 부렸다. 그러다 자연스럽게 시비가 붙으면 몸싸움을 벌였는데 이때 육량전으로 갈비뼈를 때려서 부상을 입히고는 유유히 사라졌다. 화살촉의 무게가 6냥, 즉 240그램에 달했기 때문에 제대로 맞으면 뼈가 부러질 수도 있었다. 돈이 많은 양반들은 이렇게 강력한 경쟁자들을 제거한 다음 여유롭게 시험을 봤다. 뒤늦게 이 사실을 안 무과 응시생들은 활과 화살을 부러뜨리고 고향으로 돌아가서 다시는 시험을 보지 않았다고 한다. 개중에는 여비가 떨어져서 구걸을 하는 경우도 있었다고 한다. 어쩌면 이렇게 된 이들 중에 작정하고 무뢰배가 된 이들도 있지 않았을까? 어떻게 보면 무뢰배들은 시대의 부조리가 낳은 사생아일지도 모르겠다. 예전이나 지금 모두 말이다.

가볼 만한 곳

마포구 걷고 싶은 길

제주 올레길의 영향 때문인지 전국적으로 걷고 싶은 길들이 생겨났다. 서울시 마포구가 선정한 걷고 싶은 길 중 4코스인 마포나루길에서는 무뢰배들이 활약했던 경강의 나루터들을 살펴볼 수 있다. 2호선 합정역에서 출발해서 망원정을 거쳐서 양화진 나루터, 밤섬공원을 거쳐서 5호선 마포역에서 끝난다. 마포 나들목에는 마포나루터와 삼개포구 표지석이 있다.